오만 술탄국 기본법

سلطنة عمان

النظام الأساسي للدولة

명지대학교중동문제연구소
중동국가헌법번역HK총서 05

오만 술탄국 기본법

سلطنة عمان
النظام الأساسي للدولة

명지대학교 중동문제연구소
معهد الدراسات لشؤون الشرق الأوسط

도서출판 모시는사람들

이 역서는 2010년 정부(교육과학기술부)의 재원으로 한국연구재단의 지원을 받아 수행된
연구임(NRF-2010-362-A00004)

머리말

　명지대학교 중동문제연구소는 2010년부터 10년 동안 한국연구재단의 인문한국지원사업 해외지역연구 사업을 수행하고 있습니다. "현대 중동의 사회변동과 호모이슬라미쿠스: 샤리아 연구와 중동학 토대구축"이란 대주제 하에 종합 지역연구(아젠다), 종합지역 정보시스템 구축, 지역전문가 및 학문 후속세대 양성, 국내외네트워크 형성 및 협력 강화, 사회적 서비스 사업을 중점적으로 수행하고 있습니다.

　이러한 사업의 일환으로 중동문제연구소에서는 현대 중동 국가들의 정체성을 가장 구체적으로, 가장 명료하게 표현해 놓은 아랍어 헌법 원문을 우리 글로 번역 출판하는 작업을 하고 있습니다. 2013년 5월 31일 『사우디아라비아 통치기본법』, 2014년 4월 30일 『쿠웨이트 헌법』, 2014년 6월 30일 『아랍에미리트 헌법』, 2015년 4월 30일 『카타르 헌법』을 번역 출판하였고, 이번에 『오만 술탄국 기본법』을 번역 출판하게 되었습니다. 아랍어 원문의 의미에 가장 가까우면서도 독자들이 가장 잘 이해할 수 있도록 번역하기 위해 언어학자, 정치학자, 종교학자, 헌법학자들이 함께 했습니다.

헌법에는 한 국가의 정치적·경제적·사회적·문화적 정체성과 그 안에 살고 있는 사람들의 삶의 양태가 가장 포괄적으로 규정되어 있습니다. 또한 그 헌법 규정 하에서 살고 있는 사람들은 사후적으로도 법 생활뿐 아니라 정치·경제 생활에서도 공통의 정향성을 형성하기 때문에 헌법을 이해하는 것은 국가 이해의 초석이 될 것입니다.

오만이 술탄제 국가임을 명백히 하고 있는 이 헌법은 민주주의의 초석인 삼권분립 원칙을 따르면서 제1장 국가와 통치체제, 제2장 국가 정책의 지향 원칙, 제3장 공적 권리와 의무, 제4장 국가의 수장, 제5장 오만의회, 제6장 사법, 제7장 총칙을 상세히 설명하고 있습니다.

무엇보다 오만의 술탄인 까부스 빈 사이드가 헌법 서문에서 밝힌 헌법 정신이야 말로 국가의 지향점이 무엇인지 명백히 보여주고 있습니다.

"오만의 술탄인 나 까부스 빈 사이드는 지난 시대에 다양한 분야에서 국가 정책의 목표로 제시했던 원칙을 확고히 하고, 국가와 국민에게 이로운 업적으로 가득 찬 더 나은 미래를 건설하기 위하여 지속적으로 노력할 것을 다짐하며, 오만의 국제적 위상, 평화, 안전, 정의, 타 국가나 국민과의 협력 토대 구축을 위하여 오만의 역할을 강화하고, 공익에 의거하여 다음과 같이 규정한다."

이 헌법 정신대로 오만이 타 국가와의 협력을 바탕으로 세계 평화와 정의에 기여하는 미래 지향적인 국가로 우뚝 서길 기원하며, 중동 연구를 전폭적으로 지원하여 헌법 번역작업을 가능하게 해준 한국연구재단과 번역서 출간을 물심양면으로 지원해 주신 무함마드 살림 알하르시(Muhammad Salim Alharthy) 주한 오만 대사님께 마음을 모아 진심으로 감사드립니다.

마지막으로 지난 1년 동안 오만 술탄국 기본법의 번역과 교정 작업에 참여한 우리 연구소의 김종도 교수, 정상률 교수, 임병필 교수, 박현도 교수와 감수를 맡아 꼼꼼히 읽고 평가해 주신 명지대학교 법과대학의 김주영 교수께 깊은 감사를 드립니다.

2015년 5월 31일
명지대학교 중동문제연구소장 이종화 배상

يسرني أن أقدم للشعب الكوري الجنوبي الصديق وكافة متحدثي اللغة الكورية هذه النسخة المترجمة عن اللغة العربية للنظام الأساسي للدولة في سلطنة عمان (دستور عمان).

عمان من دول العالم العريقة التي قامت نهضتها الحديثة على تقاليد حضارية راسخة ممتدة منذ آلاف السنين في مختلف جوانب الحياة قوامها احترام الآخر ، ومد يد التعاون البناء لجميع الدول والشعوب المحبة للخير والسلام ، وعدم التدخل في شئون الغير ، والاهتمام بالمواطن باعتباره الركيزة الأساسية لتقدم الأمم.

ويعتبر (النظام الأساسي للدولة) الذي بين يديك الآن – عزيزي القارىء – واحدا من النماذج الحضارية المحدثة التي تنظم حقوق المواطن وواجباته ، ومهام الحاكم وسلطات الدولة : التشريعية والتنفيذية والقضائية والعلاقات البينية بينها ، إلى جانب المبادىء الموجهة لسياسة الدولة السياسية منها والاقتصادية والاجتماعية والثقافية.

آملا لك تصفحا طيبا وثراء معرفيا مفيدا.

د. يحيى بن محفوظ المنذري

رئيس مجلس الدولة – سلطنة عمان

추천사

　친애하는 대한민국의 국민들과 모든 한국어 화자들을 위해 오만 술탄국의 국가 기본법(오만 헌법)을 아랍어에서 한국어로 번역하게 되어 한없이 기쁘게 생각합니다.

　오만은 유구한 역사를 가진 나라로서 수천 년 전부터 시작된 다양한 삶과 존경스런 선조들로부터 이어 온 견실한 문명의 전통을 바탕으로 현대적 부흥을 이룩하였습니다. 또한 복지와 평화를 사랑하는 모든 국가들 및 국민들과의 상호불가침 원칙에 따라 협력하고 있으며, 국가발전을 위한 기초 토대에 따라 국민들에게 관심을 기울이고 있습니다.

　이제 친애하는 독자 여러분의 손에 있는 국가 기본법은 국민들의 권리와 의무, 통치자의 임무, 국가의 권력을 규정하는 현대 문명의 본보기들 중 하나입니다. 이 속에는 국가의 정치·경제·사회·문화 정책을 위한 기본 원칙들뿐만 아니라 입법, 행정, 사법과 이들간의 상호 관계들이 포함되어 있습니다.

　이 책이 독자들에게 좋은 읽을 거리와 유용한 지식의 자산이 되길 희망합니다.

야흐야 빈 마흐푸드 알만디리 박사
오만 술탄국 국가의회 의장

국가 기본법

술탄 칙령 101/96번

국가 기본법을 공포하며,

오만의 술탄인 나 까부스 빈 사이드는

지난 시대에 다양한 분야에서 국가 정책의 목표로 제시했
던 원칙을 확고히 하고,

국가와 국민에게 이로운 업적으로 가득 찬 더 나은

미래를 건설하기 위하여 노력을 지속할 것을 다짐하며,

오만의 국제적 위상, 평화, 안전, 정의, 타 국가나 국민과의

협력 토대 구축을 위하여 오만의 역할을 강화하고,

공익에 의거하여 다음과 같이 규정한다.

النظام الأساسي للدولة

مرسوم سلطاني رقم (١٠١ / ٩٦)

بإصدار النظام الأساسي للدولة

نحن قابوس بن سعيد سلطان عمان

تأكيدا للمبادىء التي وجهت سياسة الدولة في مختلف المجالات خلال الحقبة الماضية.

وتصميما على مواصلة الجهد من أجل بناء مستقبل أفضل يتميز بمزيد من المنجزات التي تعود بالخير على الوطن والمواطنين..

وتعزيزا للمكانة الدولية التي تحظى بها عمان ودورها في إرساء دعائم السلام والأمن والعدالة والتعاون بين مختلف الدول والشعوب. وبناء على ما تقتضيه المصلحة العامة

رسمنا بما هو آت.

제1조

국가 기본법은 첨부된 형식에 따라 공포한다.

제2조

이 칙령은 관보에 게재하며, 공포된 날로부터 효력을 발생
한다.

히즈라력 1417년 6월 24일

서력 1996년 11월 6일 공포

까부스 빈 사이드

오만 술탄

(مادة ١)

إصدار النظام الأساسي للدولة بالصيغة المرافقة.

(مادة ٢)

ينشر هذا المرسوم في الجريدة الرسمية، ويعمل به اعتبارا من تاريخ صدوره.

صدر في : ٢٤ من جمادى الآخرة سنة ١٤١٧ هـ

الموافق : ٦ من نوفمبر سنة ١٩٩٦ م

قابوس بن سعيد

سلطان عمان

제1장
국가와 통치체제

제1조

오만 왕국은[1] 완전한 주권을 가진 독립 아랍·이슬람 국가이고, 수도는 무스까트[2]이다.

제2조

국가의 종교는 이슬람이고, 이슬람 샤리아가 입법의 기초이다.

제3조

국가 공용어는 아랍어이다.

الباب الأول
الدولة ونظام الحكم

(مادة ١)

سلطنة عمان دولة عربية إسلامية مستقلة ذات سيادة تامة عاصمتها مسقط.

(مادة ٢)

دين الدولة الإسلام والشريعة الإسلامية هي أساس التشريع.

(مادة ٣)

لغة الدولة الرسمية هي اللغة العربية.

제4조

국기(國旗)[3], 국장(國章), 훈장(勳章), 국가(國歌)[4]는 법률로
정한다.

제5조

통치체제는 앗사이이드 투르키 빈 사이드 빈 술탄의 남자
후손이 계승하는 술탄국이다. 그들 가운데 통치권 계승자
로 선택된 자는 건전한 정신을 지니고, 법적으로 오만 무
슬림 부모의 아들이라는 조건을 갖추어야 한다.

제6조

통치가문위원회는 술탄의 직위가 공석이 된 후 3일
이내에 통치권 계승자를 결정한다. 통치가문위원회가
국가의 술탄 선출에 합의하지 못할 경우, 국방위원회[5]
는 국가의회 의장, 슈라의회 의장, 최고사법재판소 소
장, 가장 나이가 많은 두 명의 의원들과 협력하여 술

(مادة ٤)

يحدد القانون علم الدولة وشعارها وأوسمتها ونشيدها الوطني.

(مادة ٥)

نظام الحكم سلطاني وراثي في الذكور من ذرية السيد تركي بن سعيد بن سلطان ويشترط فيمن يختار لولاية الحكم من بينهم أن يكون مسلما رشيدا عاقلا وابنا شرعيا لأبوين عمانيين مسلمين.

(مادة ٦)

يقوم مجلس العائلة الحاكمة، خلال ثلاثة أيام من شغور منصب السلطان، بتحديد من تنتقل إليه ولاية الحكم. فإذا لم يتفق مجلس العائلة الحاكمة على اختيار سلطان للبلاد قام مجلس الدفاع بالاشتراك مع رئيس مجلس الدولة ومجلس الشورى

탄이 통치가문위원회에 문서로 지명한 사람을 승인한
다.

제7조

술탄은 권력을 행사하기 이전에 오만의회[6]와 국방위원회
의 합동 회의에서 다음과 같이 맹세한다.
"나는 국가 기본법과 법률을 존중하고, 국민의 이익과 자
유를 완전하게 보호하며, 국가의 독립과 영토의 안전을 수
호할 것을 위대한 알라께 맹세합니다."

제8조

술탄이 선출되고 그가 권력을 행사할 때까지 정부는 평상
시와 같이 직무를 수행한다.

ورئيس المحكمة العليا وأقدم اثنين من نوابه بتثبيت من أشار به السلطان في رسالته إلى مجلس العائلة.

(مادة ٧)

يؤدي السلطان قبل ممارسة صلاحياته، في جلسة مشتركة لمجلسي عمان والدفاع، اليمين الآتية:

(أقسم بالله العظيم أن أحترم النظام الأساسي للدولة والقوانين، وأن أرعى مصالح المواطنين وحرياتهم رعاية كاملة، وأن أحافظ على استقلال الوطن وسلامة أراضيه.)

(مادة ٨)

تستمر الحكومة في تسيير أعمالها كالمعتاد حتى يتم اختيار السلطان ويقوم بممارسة صلاحياته.

제9조

술탄 왕국의 통치는 정의, 슈라(협의)[7], 평등을 기초로 한다. 국민은 이 기본법과 법률이 규정하고 있는 조건과 상황에 따라 공무에 참여할 권리를 갖는다.

(مادة ٩)

يقوم الحكم في السلطنة على أساس العدل والشورى والمساواة. وللمواطنين – وفقا لهذا النظام الأساسي والشروط والأوضاع التي يبينها القانون – حق المشاركة في الشؤون العامة.

제2장
국가 정책의 지향 원칙

제10조

정치 원칙:

- 독립과 주권의 보호, 국가 존립, 안보 및 안정 유지, 모든 적으로부터 국가를 방어한다.

- 상호 협력 강화, 상호 존중과 공동 이익 및 내정 불간섭을 토대로 모든 국가들과 국민들과의 친선 결속 확립, 국제적·지역적 조약이나 협정 및 일반적으로 인정되고 여러 국가들과 국민들 간의 평화와 안보를 확산하는 국제법 원칙을 준수한다.

- 현대적 수단과 방법을 채택하면서 국가 유산과 가치, 이슬람 샤리아, 역사에 대한 긍지를 통한 진정

الباب الثاني
المبادئ الموجهة لسياسة الدولة

(مادة ١٠)

المبادئ السياسية:

– المحافظة على الاستقلال والسيادة، وصون كيان الدولة وأمنها واستقرارها، والدفاع عنها ضد كل عدوان.

– توثيق عرى التعاون وتأكيد أواصر الصداقة مع جميع الدول والشعوب على أساس من الاحترام المتبادل، والمصلحة المشتركة، وعدم التدخل في الشؤون الداخلية، ومراعاة المواثيق والمعاهدات الدولية والإقليمية وقواعد القانون الدولي المعترف بها بصورة عامة وبما يؤدي إلى إشاعة السلام والأمن بين الدول والشعوب.

한 슈라(협의)의 초석을 놓기 위해 적합한 토대를
확립한다.

- 국민들에게 정의, 평안, 평등을 보장하고 공공질서
를 존중하며 최상의 국가 이익을 보장하는 건전한
행정체제를 수립한다.

제11조

경제 원칙:

- 국가 경제는 정의와 자유경제 원칙을 기초로 하며,
공적 활동과 사적 활동 간의 건설적이고 생산적인 상
호 협력을 토대로 하고, 국가의 기본계획에 따라 법률
의 테두리 내에서 생산을 증가시키고 국민들의 생활
수준을 향상시키는 경제적·사회적 발전을 실현하는
것을 목표로 한다.

- إرساء أسس صالحة لترسيخ دعائم شورى صحيحة نابعة من تراث الوطن وقيمه وشريعته الإسلامية، معتزة بتاريخه، آخذة بالمفيد من أساليب العصر وأدواته.

- إقامة نظام إداري سليم يكفل العدل والطمأنينة والمساواة للمواطنين، ويضمن الاحترام للنظام العام ورعاية المصالح العليا للوطن.

(مادة ١١)

المبادىء الاقتصادية:

- الاقتصاد الوطني أساسه العدالة ومبادىء الاقتصاد الحر، وقوامه التعاون البناء المثمر بين النشاط العام والنشاط الخاص، وهدفه تحقيق التنمية الاقتصادية والاجتماعية بما يؤدي إلى زيادة الإنتاج ورفع مستوى المعيشة للمواطنين وفقا للخطة العامة للدولة وفي حدود القانون.

- 법률의 테두리와 공익 내에서 국가 경제의 안전을 보호하는 방식으로 경제활동의 자유를 보장한다. 국가는 저축을 장려하고 신용체계를 감독한다.

- 천연자원은 모두 국가의 소유이고, 국가 안전의 필요성과 국가 경제의 이익을 고려하여 국가는 천연자원을 보호하고 선용한다. 국가의 공적 자산에 대한 특권이나 투자는 법률과 한정된 기간이 아니고는 허용되지 않으며, 이는 국익을 위함이다.

- 공공 재산은 불가침이고, 국가가 보호하고 국민과 거주민들이 보존해야 한다.

- 개인 재산은 보장되며, 법률의 테두리 내에서가 아니라면 어느 누구도 개인 재산의 처분을 금지할 수 없다. 또한 법률이 규정한 공익을 위하여 법률에 명시된 방식에 따라 공정한 배상이 이루어지는 조건이 아니라면 어느 누구로부터도 개인 재산을 빼앗을 수 없다. 상속은 이슬람 샤리아가 규정하는 권리이다.

- حرية النشاط الاقتصادي مكفولة في حدود القانون والصالح العام وبما يضمن السلامة للاقتصاد الوطني. وتشجع الدولة الإدخار وتشرف على تنظيم الائتمان.

- الثروات الطبيعية جميعها ومواردها كافة ملك للدولة، تقوم على حفظها وحسن استغلالها، بمراعاة مقتضيات أمن الدولة وصالح الاقتصاد الوطني. ولا يجوز منح امتياز أو استثمار مورد من موارد البلاد العامة إلا بموجب قانون ولفترة زمنية محددة، وبما يحفظ المصالح الوطنية.

- للأموال العامة حرمتهما، وعلى الدولة حمايتها وعلى المواطنين والمقيمين المحافظة عليها.

- الملكية الخاصة مصونة، فلا يمنع أحد من التصرف في ملكه إلا في حدود القانون، ولاينزع عن أحد ملكه إلا بسبب المنفعة العامة في الأحوال المبينة في القانون، وبالكيفية المنصوص

- 재산의 공적 몰수는 금지되고, 법률이 규정한 상황에서 재판부의 판결이 아니고서는 사적 몰수의 처벌은 이루어지지 않는다.

- 조세와 공공 비용은 정의와 국가 경제 성장의 토대이다.

- 공적 세금의 제정·개정·폐지는 법률에 의하며, 법률에 명시된 경우가 아니고는 어느 누구도 (조세의) 전부나 일부의 납부에서 면제되지 않는다. 조세나 수수료 혹은 다른 어떠한 형태의 수급권도 소급적으로 부여하여서는 안 된다.

제12조

사회 원칙:

- 국민 간의 정의·평등·기회 균등은 국가가 보장하는

عليها فيه، وبشرط تعويضه عنه تعويضا عادلا.
والميراث حق تحكمه الشريعة الإسلامية.

- المصادرة العامة للأموال محظورة، ولا تكون
عقوبة المصادرة الخاصة إلا بحكم قضائي في
الأحوال المبينة بالقانون.

- الضرائب والتكاليف العامة أساسها العدل
وتنمية الاقتصاد الوطني.

- إنشاء الضرائب العامة وتعديلها وإلغاؤها لا
يكون إلا بقانون ولا يعفى أحد من أدائها كلها
أو بعضها إلا في الأحوال المبينة في القانون. ولا
يجوز استحداث ضريبة أو رسم أو أي حق مهما
كان نوعه بأثر رجعي.

(مادة ١٢)
المبادىء الاجتماعية:
- العدل والمساواة وتكافؤ الفرص بين العمانيين

사회의 초석이다.

- 상호 협력과 상호 이해는 국민을 연결하는 견고한 고리이며, 국민 통합의 강화는 국가의 의무이다. 국가는 분열, 폭동, 국민 통합을 침해할 수 있는 모든 것을 금지한다.

- 가족은 사회의 기초이며, 가족을 보호하고 합법적인 실체를 유지하며, 가족의 결속력과 가치를 강화한다. 가족의 구성원들을 보호하며, 그들의 재능과 능력 향상에 적합한 환경을 제공하는 수단을 법률로 정한다.

- 국가는 국민과 그 가족에게 비상사태, 질병, 무능력, 노령의 상황에서 사회보장제도에 따라 지원을 보장한다. 국가는 재난과 참사로 인해 발생하는 부담을 사회연대를 통해 분담하도록 노력한다.

- 국가는 공중보건, 질병 및 전염병 예방과 치료 방법에 관심을 기울이며, 모든 국민에게 의료 혜택을 충분히 제공하기 위해 노력한다. 국가의 감독 하에 법률이 정하는 규정에 따라 병원, 진료소, 의료기관의 설립을

دعامات للمجتمع تكفلها الدولة.

– التعاضد والتراحم صلة وثيقة بين المواطنين، وتعزيز الوحدة الوطنية واجب. وتمنع الدولة كل ما يؤدى للفرقة أو الفتنة أو المساس بالوحدة الوطنية.

– الأسرة أساس المجتمع، وينظم القانون وسائل حمايتها، والحفاظ على كيانها الشرعي، وتقوية أواصرها وقيمها، ورعاية أفرادها وتوفير الظروف المناسبة لتنمية ملكاتهم وقدراتهم.

– تكفل الدولة للمواطن وأسرته المعونة في حالة الطوارىء والمرض والعجز والشيخوخة، وفقا لنظام الضمان الاجتماعي، وتعمل على تضامن المجتمع في تحمل الأعباء الناجمة عن الكوارث والمحن العامة.

– تعنى الدولة بالصحة العامة وبوسائل الوقاية والعلاج من الأمراض والأوبئة، وتسعى لتوفير الرعاية الصحية لكل مواطن، وتشجع على إنشاء المستشفيات والمستوصفات ودور العلاج الخاصة بإشراف من

장려한다. 국가는 또한 환경을 보호하고 오염을 방지
하기 위해 노력한다.

- 국가는 근로자와 고용주를 보호하고 양자 관계를 규
정하는 법률을 제정한다. 모든 국민에게는 법률의 테
두리 내에서 스스로 직업을 선택하여 종사할 권리가
있다. 법률에 따른 공무 수행과 공정한 임금 보상이
아니고는 어느 누구에게도 어떠한 형태의 강제노동도
부과할 수 없다.

- 공직은 공무를 수행하는 사람들에게 위임된 국민 봉
사이며, 공무원들은 그들의 직무를 수행함에 있어 공
익과 사회 봉사를 목표로 한다. 국민은 법률이 정하는
조건에 따라 공직을 담당함에 있어서 동등하다.

제13조

문화 원칙:

- 교육은 사회 발전을 위한 기본 구성요소로써, 국가는

الدولة ووفقا للقواعد التي يحددها القانون. كما تعمل على المحافظة على البيئة وحمايتها ومنع التلوث عنها.

– تسن الدولة القوانين التي تحمي العامل وصاحب العمل وتنظم العلاقة بينهما. ولكل مواطن الحق في ممارسة العمل الذي يختاره لنفسه في حدود القانون. ولا يجوز فرض أي عمل إجباري على أحد إلا بمقتضى قانون ولأداء خدمة عامة وبمقابل أجر عادل.

– الوظائف العامة خدمة وطنية تناط بالقائمين بها، ويستهدف موظفو الدولة في أداء وظائفهم المصلحة العامة وخدمة المجتمع. والمواطنون متساوون في تولي الوظائف العامة وفقا للشروط التي يقررها القانون.

(مادة ١٣)

المبادىء الثقافية:

– التعليم ركن أساسي لتقدم المجتمع ترعاه الدولة

교육의 보호, 보급, 일반화를 위해 노력한다.[8]

- 교육은 공공문화 수준의 향상과 발전, 과학적 사고의 성장, 탐구정신의 고취, 경제적·사회적 계획들의 요구 충족, 강인한 육체와 정신을 가진 세대 육성을 목표로 하며, 움마·민족·문화유산을 자랑스럽게 여기도록 만들고, 업적을 보호한다.

- 국가는 공교육을 제공하고, 문맹퇴치를 위해 노력하며, 법률 규정에 따라 국가의 감독 하에 사립 학교와 교육 기관의 설립을 장려한다.

- 국가는 국가의 문화유산을 보호하고 보존하며 과학, 예술, 문학, 과학 탐구를 장려하고 확산을 돕는다.

제14조

안보 원칙:

- 평화는 국가의 목표이고, 국가의 안전은 모든 국

وتسعى لنشره وتعميمه.

– يهدف التعليم إلى رفع المستوى الثقافي العام وتطويره وتنمية التفكير العلمي، وإذكاء روح البحث، وتلبية متطلبات الخطط الاقتصادية والاجتماعية، وايجاد جيل قوي في بنيته وأخلاقه، يعتز بأمته ووطنه وتراثه، ويحافظ على منجزاته

– توفر الدولة التعليم العام وتعمل على مكافحة الأمية وتشجع على إنشاء المدارس والمعاهد الخاصة بإشراف من الدولة ووفقا لأحكام القانون.

– ترعى الدولة التراث الوطني وتحافظ عليه، وتشجع العلوم والفنون والآداب والبحوث العلمية وتساعد على نشرها.

(مادة ١٤)

المبادىء الأمنية:

– السلام هدف الدولة، وسلامة الوطن أمانة في

민에게 맡겨진 의무이다. 국방위원회는 오만 술탄
국의 안보 유지와 방어 관련 사안들의 검토를 담
당한다.

- 국가만이 무장군대, 공공 안보 기구, 여타 군 기구
를 조직할 수 있다. 이들 모두는 국가에 소속되고
이들의 의무는 국가 보호, 영토의 안전 보장, 국민
의 안전과 평안을 보장하는 것이다. 어떠한 조직이
나 집단에게도 군대 조직이나 유사 군 조직의 설립
은 허용되지 않는다. 군복무, 총 동원이나 부분 동
원, 권리와 의무, 군대나 공공 안보 기구, 여타 군
기구의 규율 규정은 법률로 정하며, 국가가 설립을
결정한다.[9]

عنق كل مواطن. ويتولى مجلس الدفاع النظر في الموضوعات المتعلقة بالمحافظة على سلامة السلطنة والدفاع عنها.

– الدولة وحدها هي التي تنشىء القوات المسلحة وهيئات الأمن العام وأية قوات أخرى. وهي جميعها ملك للأمة ومهمتها حماية الدولة وضمان سلامة أراضيها وكفالة الأمن والطمأنينة للمواطنين. ولا يجوز لأية هيئة أو جماعة إنشاء تشكيلات عسكرية أو شبه عسكرية. وينظم القانون الخدمة العسكرية، والتعبئة العامة أو الجزئية، وحقوق وواجبات وقواعد انضباط القوات المسلحة وهيئات الأمن العام وأية قوات أخرى تقرر الدولة إنشاءها.

제3장
공적 권리와 의무

제15조

국적은 법률로 정하고, 국적의 포기나 취소는 법률의 테두리 내에서가 아니고는 허용되지 않는다.

제16조

국민을 추방하거나 오만으로의 귀환을 막는 것은 허용되지 않는다.

제17조

모든 국민은 법 앞에 평등하고, 공권과 공무에서 성별, 출신, 피부, 언어, 종교, 학파[10], 거주지, 사회적 지위에 따라

الباب الثالث
الحقوق والواجبات العامة

(مادة ١٥)

الجنسية ينظمها القانون، ولا يجوز إسقاطها أو سحبها إلا في حدود القانون.

(مادة ١٦)

لا يجوز إبعاد المواطنين أو نفيهم أو منعهم من العودة إلى السلطنة.

(مادة ١٧)

المواطنون جميعهم سواسية أمام القانون، وهم متساوون في الحقوق والواجبات العامة، ولا تمييز بينهم في ذلك

차별 없이 평등하다.[11]

제18조

개인의 자유는 법률에 따라 보장된다. 법률 규정에 의거하지 아니하고는 체포, 수색, 구금, 감금, 체류 제한, 체류나 이주의 자유 구속은 허용되지 않는다.

제19조

건강과 사회적 보호를 포함하고 있는 행형법(行刑法)이 지정한 장소가 아닌 곳에서는 구금이나 감금이 허용되지 않는다.

제20조

어느 누구도 물리적이거나 정신적인 고문, 유혹, 존엄성이

بسبب الجنس أو الأصل أو اللون أو اللغة أو الدين أو المذهب أو الموطن أو المركز الاجتماعي.

(مادة ١٨)

الحرية الشخصية مكفولة وفقا للقانون. ولا يجوز القبض على إنسان أو تفتيشه أو حجزه أو حبسه أو تحديد إقامته أو تقييد حريته في الإقامة أو التنقل إلا وفق أحكام القانون.

(مادة ١٩)

لا يجوز الحجز أو الحبس في غير الأماكن المخصصة لذلك في قوانين السجون المشمولة بالرعاية الصحية والاجتماعية.

(مادة ٢٠)

لا يعرض أي إنسان للتعذيب المادي أو المعنوي

실추되는 대우를 받지 않는다. 이를 어긴 사람에 대한 처벌은 법률로 정한다. 고문에 의한 강요, 회유, 굴욕적인 처우, 그 중 어느 하나의 위협으로 인한 모든 진술이나 자백은 무효이다.

제21조

법률에 의하지 아니하고는 어떠한 범죄도 처벌도 성립되지 않으며, 법률이 규정하고 있는 처벌 행위가 아니고서는 어떠한 처벌도 할 수 없다. 처벌은 대인적이다.

제22조

피고인은 법률에 따라 방어권 행사를 보장하는 재판에서 유죄가 확정될 때까지는 무죄이다. 피고인에게 육체적으로나 정신적으로 해를 가하는 것은 금지된다.

أو للإغراء، أو للمعاملة الحاطة بالكرامة. ويحدد القانون عقاب من يفعل ذلك. كما يبطل كل قول أو اعتراف يثبت صدوره تحت وطأة التعذيب أو بالإغراء أو لتلك المعاملة أو التهديد بأي منهما.

(مادة ٢١)

لا جريمة ولا عقوبة إلا بناء على قانون، ولا عقاب إلا على الأفعال اللاحقة للعمل بالقانون الذي ينص عليها والعقوبة شخصية.

(مادة ٢٢)

المتهم بريء حتى تثبت إدانته في محاكمة قانونية تؤمن له فيها الضمانات الضرورية لممارسة حق الدفاع وفقا للقانون ويحظر إيذاء المتهم جسمانيا أو معنويا.

제23조

피고인에게는 재판 중에 자신을 변호할 수 있는 사람을 대리인으로 임명할 권리가 있다. 피고인을 대신하여 변호인이 출석해야 하는 상황들은 법률로 정하고, 경제적인 능력이 없는 사람들을 위해 재판과 그들의 권리를 변호할 수 있는 수단을 법률로 보장한다.

제24조

체포되거나 검거된 모든 사람에게는 체포나 검거의 이유를 즉시 통보해야 한다. 법률에 따라 체포되거나 검거된 사람에게는 상황을 알리고 도움을 청할 수 있는 사람과 연락할 권리가 있으며, 그에게 자신에 대한 혐의를 신속하게 알려야 한다. 당사자와 대리인은 당사자의 개인적인 자유를 구속하는 절차에 대해 사법부에 이의를 제기할 수 있으며, 석방이 확실히 결정되지 않을 경우 정해진 기간 내의 재판 청구권은 법률로 정한다.

(مادة ٢٣)

للمتهم الحق في أن يوكل من يملك القدرة للدفاع عنه أثناء المحاكمة. ويبين القانون الأحوال التي يتعين فيها حضور محام عن المتهم ويكفل لغير القادرين ماليا وسائل الالتجاء إلى القضاء والدفاع عن حقوقهم.

(مادة ٢٤)

يبلغ كل من يقبض عليه أو يعتقل بأسباب القبض عليه أو اعتقاله فورا، ويكون له حق الاتصال بمن يرى إبلاغه بما وقع أو الاستعانة به على الوجه الذي ينظمه القانون، ويجب إعلانه على وجه السرعة بالتهم الموجهة إليه. وله ولمن ينوب عنه التظلم أمام القضاء من الإجراء الذي قيد حريته الشخصية، وينظم القانون حق التظلم بما يكفل الفصل فيه خلال مدة محددة، وإلا وجب الإفراج حتما.

제25조

재판 청구권은 모든 사람에게 보장된 권리이다. 이 권리를 행사하기 위해 필요한 절차와 상황은 법률로 정하고, 국가는 가능한 한 사법당국이 소송당사자들을 화해시키고 사건을 신속히 해결할 것을 보장한다.

제26조

자발적인 동의 없이 어느 누구를 대상으로 의학적 또는 과학적 실험을 하는 것은 허용되지 않는다.

제27조

거주지는 불가침이며, 법률이 정하는 상황과 법률에 명시된 방식이 아니고는 가족의 허락 없이 거주지에 들어가는 것은 허용되지 않는다.

(مادة ٢٥)

التقاضي حق مصون ومكفول للناس كافة. ويبين القانون الإجراءات والأوضاع اللازمة لممارسة هذا الحق وتكفل الدولة، قدر المستطاع، تقريب جهات القضاء من المتقاضين وسرعة الفصل في القضايا.

(مادة ٢٦)

لا يجوز إجراء أية تجربة طبية أو علمية على أي إنسان بدون رضائه الحر.

(مادة ٢٧)

للمساكن حرمة، فلا يجوز دخولها بغير إذن أهلها، إلا في الأحوال التي يعينها القانون وبالكيفية المنصوص عليها فيه.

제28조

공공 질서를 위반하거나 도덕에 어긋나지 않는다면 기존 관습에 따라 종교의식을 행할 자유는 보장된다.

제29조

언론의 자유와 말, 글, 기타 표현 수단으로 표현할 자유는 법 테두리 내에서 보장된다.[12]

제30조

우편·전보·전화·기타 통신수단에 관한 자유와 비밀은 보장된다. 법률이 정하는 상황과 법률에 명시된 절차가 아니고는 검열, 조사, 비밀 폭로, 지연, 몰수는 허용되지 않는다.

(مادة ٢٨)

حرية القيام بالشعائر الدينية طبقا للعادات المرعية
مصونة على ألا يخل ذلك بالنظام العام، أو ينافي
الآداب.

(مادة ٢٩)

حرية الرأي والتعبير عنه بالقول والكتابة وسائر
وسائل التعبير مكفولة في حدود القانون.

(مادة ٣٠)

حرية المراسلات البريدية والبرقية والمخاطبات الهاتفية
وغيرها من وسائل الاتصال مصونة، وسريتها
مكفولة، فلا يجوز مراقبتها أو تفتيشها أو إفشاء
سريتها أو تأخيرها أو مصادرتها إلا في الحالات التى
يبينها القانون وبالإجراءات المنصوص عليها فيه.

제31조

언론·인쇄·출판의 자유는 법률이 정하는 조건과 상황에 따라 보장된다. 그러나 폭동, 국가 안보 위반, 인간의 존엄성과 권리 침해를 초래하는 것은 금지된다.

제32조

국민은 법률의 테두리 내에서 집회를 열 권리가 있다.

제33조

국민적 토대 위에 합법적인 목적을 위해 평화적인 방식과 이 기본법의 조항과 목적에 위배되지 않는 방식으로 협회를 구성할 자유는 법률이 정하는 조건과 상황에 따라 보장된다. 그러나 그 활동이 사회질서에 반(反)하거나 비밀이거나 군사적 성격을 가지고 있는 결사(結社)는 금지된다. 어느 누구에게도 결사 가입을 강요하는 것은 허용되지

(مادة ٣١)

حرية الصحافة والطباعة والنشر مكفولة وفقا للشروط والأوضاع التي يبينها القانون. ويحظر ما يؤدى إلى الفتنة أو يمس بأمن الدولة أو يسىء إلى كرامة الإنسان وحقوقه.

(مادة ٣٢)

للمواطنين حق الاجتماع ضمن حدود القانون.

(مادة ٣٣)

حرية تكوين الجمعيات على أسس وطنية ولأهداف مشروعة وبوسائل سلمية وبما لا يتعارض مع نصوص وأهداف هذا النظام الأساسي مكفولة وفقا للشروط والأوضاع التي يبينها القانون. ويحظر إنشاء جمعيات يكون نشاطها معاديا لنظام المجتمع أو سريا أو ذا طابع عسكري،

않는다.

제34조

국민은 법률이 정하는 방식과 조건에 따라 개인적 사안이나 공무와 관련된 사안에 대하여 공공당국에 청원할 권리가 있다.

제35조

오만에 합법적으로 거주하는 모든 외국인은 법률에 의거해 자신과 재산을 보호받는다. 외국인은 사회의 가치를 준수하고 사회의 전통과 정서를 존중해야 한다.

제36조

정치적 난민의 인도는 금지이며, 범죄인 인도 규정은 국제법과 국제 협정으로 정한다.

ولا يجوز إجبار أحد على الانضمام إلى أية جمعية.

(مادة ٣٤)
للمواطنين الحق في مخاطبة السلطات العامة فيما
ينوبهم من أمور شخصية أو فيما له صلة بالشؤون
العامة بالكيفية والشروط التي يعينها القانون.

(مادة ٣٥)
يتمتع كل أجنبي موجود في السلطنة بصفة قانونية
بحماية شخصه وأملاكه طبقا للقانون. وعليه
مراعاة قيم المجتمع واحترام تقاليده ومشاعره.

(مادة ٣٦)
تسليم اللاجئين السياسيين محظور، وتحدد القوانين
والاتفاقيات الدولية أحكام تسليم المجرمين.

제37조

국가 방위는 신성한 의무이고 병역의무[13]는 국민의 명예이며, 이는 법률로 정한다.

제38조

국가 통합의 유지와 국가 기밀 유지는 모든 국민의 의무이다.

제39조

조세와 공과금의 납부는 법적 의무이다.

제40조

오만 왕국 내 모든 거주민은 공권력 집행에 따른 국가 기본법, 법률, 명령을 존중하고 공공 질서를 준수하며 공중도덕을 존중해야 한다.

(مادة ٣٧)
الدفاع عن الوطن واجب مقدس، والاستجابة لخدمة القوات المسلحة شرف للمواطنين ينظمه القانون.

(مادة ٣٨)
الحفاظ على الوحدة الوطنية وصيانة أسرار الدولة واجب على كل مواطن.

(مادة ٣٩)
أداء الضرائب والتكاليف العامة واجب وفقا للقانون.

(مادة ٤٠)
احترام النظام الأساسي للدولة والقوانين والأوامر الصادرة من السلطات العامة تنفيذا لها ومراعاة النظام العام واحترام الآداب العامة واجب على جميع سكان السلطنة.

제4장
국가의 수장

제41조

술탄은 국가의 수장이며 군대의 최고사령관으로서 술탄의 지위는 침해되지 않고 보호된다. 술탄에 대한 존경은 의무이며 술탄의 명령에 복종해야 한다. 술탄은 국가 통합의 상징이며 국가 통합의 유지와 방어를 위한 수호자이다.

제42조

술탄은 다음의 임무를 수행한다.

- 국가의 독립을 수호하고 영토를 보전하며, 국내·외로부터 국가의 안전을 지키고 국내·외적 안전과 국민의 권리와 자유를 보호하며, 법치(法治)를 보장하고 국

الباب الرابع
رئيس الدولة

(مادة ٤١)

السلطان رئيس الدولة والقائد الأعلى للقوات المسلحة، ذاته مصونة لا تمس، واحترامه واجب، وأمره مطاع. وهو رمز الوحدة الوطنية والساهر على رعايتها وحمايتها.

(مادة ٤٢)

يقوم السلطان بالمهام التالية:

– المحافظة على استقلال البلاد ووحدة أراضيها، وحماية أمنها الداخلي والخارجي، ورعاية حقوق المواطنين وحرياتهم وكفالة سيادة القانون، وتوجيه

가 공공정책을 지도한다.

- 오만의 안전, 영토의 보전, 국민의 안전과 이익을 위협하거나 국가 기관의 임무 수행을 방해하는 어떠한 위험에 맞서기 위한 신속한 절차를 채택한다.

- 국내와 모든 국제 관계에서 국가를 대표한다.

- 각료회의를 통솔하거나 통솔할 이를 임명한다.

- 특별위원회[14]를 통솔하거나 통솔할 이를 임명한다.

- 국가의 행정부처를 설립하고 조직하며 이를 폐지한다.

- 각료회의의 부총리, 장관, 동등한 직급의 사람들을 임명하고 직위를 해임한다.

- 차관, 사무총장과 동등한 직급의 사람들을 임명하고 직위를 해임한다.

- 대법관의 임명과 직위를 해임한다.

- 법률이 정하는 바에 따라 비상사태, 총 동원, 전쟁, 평화조약을 체결하고 선포한다.

السياسة العامة للدولة.

– اتخاذ الإجراءات السريعة لمواجهة أي خطر يهدد سلامة السلطنة أو وحدة أراضيها أو أمن شعبها ومصالحه، أو يعوق مؤسسات الدولة عن أداء مهامها.

– تمثيل الدولة في الداخل وتجاه الدول الأخرى في جميع العلاقات الدولية.

– رئاسة مجلس الوزراء أو تعيين من يتولى رئاسته.

– رئاسة المجالس المتخصصة أو تعيين من يتولى رئاستها.

– إنشاء وتنظيم وحدات الجهاز الإداري للدولة وإلغاؤها.

– تعيين نواب رئيس مجلس الوزراء والوزراء ومن في حكمهم وإعفائهم من مناصبهم.

– تعيين وكلاء الوزارات والأمناء العامين ومن في حكمهم وإعفائهم من مناصبهم.

– تعيين كبار القضاة وإعفائهم من مناصبهم.

- 법률을 공포하고 승인한다.

- 법률에 따라 국제 조약과 협정에 서명, 서명의 위임, 비준 칙령을 공포한다.

- 법률이 정하는 범위와 방식에 따라 외국 주재 외교 대표들과 국제 조직 외교 대표들의 임명, 직위 해임, 국내 주재 외국 대표와 국제 조직의 대표 승인을 수락한다.

- 처벌을 사면하거나 경감한다.

- 명예훈장과 군계(軍階)를 수여한다.

제43조

술탄은 각료회의와 특별위원회의 국가 공공정책 초안 작성과 집행을 지원한다.

- إعلان حالة الطوارىء والتعبئة العامة والحرب وعقد الصلح ويبين القانون أحكام ذلك.
- إصدار القوانين والتصديق عليها.
- توقيع المعاهدات والاتفاقيات الدولية وفقا لأحكام القانون أو التفويض في توقيعها وإصدار مراسيم التصديق عليها.
- تعيين الممثلين السياسيين لدى الدول الأخرى والمنظمات الدولية وإعفائهم من مناصبهم، وفقا للحدود والأوضاع التي يقررها القانون وقبول اعتماد ممثلي الدول والمنظمات الدولية لديه.
- العفو عن أية عقوبة أو تخفيفها.
- منح أوسمة الشرف والرتب العسكرية.

(مادة ٤٣)

يعاون السلطان في رسم السياسة العامة للدولة وتنفيذها مجلس للوزراء ومجالس متخصصة.

각료회의

제44조

국가의 공공정책 수행을 담당하는 각료회의는 특히 다음 과 같은 일을 담당한다.

- 법률과 칙령 안을 제출할 시에 정부가 관심을 두는 경제·정치·사회·집행·행정 업무에 대해 술탄에게 건 의서를 제출한다.

- 국민의 이익을 보호하고 그들에게 필수적인 서비스 제공의 보장과 경제적·사회적·의료적·문화적 수준 을 제고한다.

- 재정적·경제적·인적 자원의 선용을 보장하고, 경 제적·사회적·행정적 발전을 위한 공공 목표와 정책 을 정하며, 이를 집행하기 위한 필요 수단과 절차를 제시한다.

- 관련 기구가 준비한 발전 계획들을 토의하고 술탄에

مجلس الوزراء

(مادة ٤٤)

مجلس الوزراء هو الهيئة المنوط بها تنفيذ السياسات العامة للدولة ويتولى بوجه خاص ما يلي:

- رفع التوصيات إلى السلطان في الأمور الاقتصادية والسياسية والاجتماعية والتنفيذية والإدارية التي تهم الحكومة بما في ذلك اقتراح مشروعات القوانين والمراسيم.

- رعاية مصالح المواطنين وضمان توفير الخدمات الضرورية لهم ورفع مستواهم الاقتصادي والاجتماعي والصحي والثقافي.

- تحديد الأهداف والسياسات العامة للتنمية الاقتصادية والاجتماعية والإدارية واقتراح الوسائل والإجراءات اللازمة لتنفيذها والتي تكفل حسن استخدام الموارد المالية والاقتصادية والبشرية.

게 상정하며 승인을 받아 이를 집행한다.

- 내각의 권한 집행 시에 제안을 토의하고 그 사안에 적합한 건의와 결의를 채택한다.

- 행정당국의 업무 절차와 의무 수행을 감독하고 부처 간 업무를 조정한다.

- 의무사항을 포함하고 있는 법률, 칙령, 시행규칙, 결의, 조약, 협정, 법정 판결 집행에 대한 전반적인 감독을 실시한다.

- 술탄이 제출하거나 법규에 따라 술탄에게 제출된 기타 권한.

제45조

총리는 각료회의 의장을 맡고, 부재 시에는 각료회의 운영을 부총리 중의 한 명에게 위임할 수 있다. 총리와 부총

– مناقشة خطط التنمية التي تعدها الجهات المختصة ورفعها إلى السلطان للاعتماد، ومتابعة تنفيذها.

– مناقشة اقتراحات الوزارات في مجال تنفيذ اختصاصاتها واتخاذ التوصيات والقرارات المناسبة في شأنها.

– الإشراف على سير الجهاز الإداري للدولة ومتابعة أدائه لواجباته والتنسيق فيما بين وحداته.

– الإشراف العام على تنفيذ القوانين والمراسيم واللوائح والقرارات والمعاهدات والاتفاقيات وأحكام المحاكم بما يضمن الالتزام بها.

– أية اختصاصات أخرى يخوله إياها السلطان أو تخول له بمقتضى أحكام القانون.

(مادة ٤٥)

يتولى رئيس مجلس الوزراء رئاسة جلسات المجلس وله إسناد إدارة الجلسات التي لا يحضرها إلى أحد نواب

리가 부재 시에는 술탄이 각료회의의 운영에 적합하다고
간주되는 사람에게 이(의장직)를 위임한다.

제46조

각료회의 회의는 위원 과반수의 참석으로 유효하고, 토의
는 비밀리에 진행되며, 결정은 출석위원 과반수의 찬성으
로 공포된다.[15]

제47조

각료회의는 사무 처리 규칙을 포함하는 내규를 정한다. 각
료회의는 업무 수행을 도와 줄 다수의 공무원으로 구성되
는 사무국을 둔다.

رئيس الوزراء. وفي حالة غياب رئيس الوزراء ونوابه يفوض السلطان من يراه مناسبا لإدارة الجلسات.

(مادة ٤٦)

تكون اجتماعات مجلس الوزراء صحيحة بحضور أغلبية أعضائه ومداولاته سرية، وتصدر قراراته بموافقة أغلبية الحاضرين.

(مادة ٤٧)

يضع مجلس الوزراء لائحته الداخلية متضمنة نظام سير العمل به. وتكون للمجلس أمانه عامة تزود بالعدد اللازم من الموظفين لمعاونته على أداء أعماله.

총리, 부총리, 장관

제48조

술탄이 총리를 임명할 시에 그의 직권과 권한은 그를 임명하는 칙령으로 규정된다.

제49조

총리나 부총리 또는 장관으로 임명되는 자는 다음과 같은 자격을 갖추어야 한다.

    a- 법률이 정하는 바에 따라 태생이 오만 국적이어야 한다.

    b- 연령이 서력으로 30세 이상이어야 한다.

제50조

총리, 부총리, 장관은 권한을 행사하기 전에 술탄 앞에서 다음과 같은 맹세를 한다.

رئيس مجلس الوزراء ونوابه والوزراء

(مادة ٤٨)
إذا عين السلطان رئيسا لمجلس الوزراء حددت اختصاصاته وصلاحياته بمقتضى مرسوم تعيينه.

(مادة ٤٩)
يشترط فيمن يعين رئيسا لمجلس الوزراء أو نائبا له أو وزيرا ما يلي:
أ – أن يكون عماني الجنسية بصفة أصلية وفقا للقانون.
ب – ألا تقل سنه عن ثلاثين سنة ميلادية.

(مادة ٥٠)
قبل أن يتولى رئيس مجلس الوزراء ونوابه والوزراء صلاحياتهم يؤدون أمام السلطان اليمين التالية:

"나는 나의 술탄과 나의 조국에 충성하고, 국가 기본법과 실정법을 준수하며, 국가의 실체와 영토의 안전을 온전히 보호하고, 국가의 이익과 국민들의 이익을 철저히 보호하며, 정직과 성실로 나의 의무를 수행할 것을 위대한 알라께 맹세합니다."

제51조

부총리와 장관은 각각의 부처 업무를 감독하고 정부의 공공정책을 집행하며, 또한 부서의 방침을 계획하고 집행한다.

제52조

각료회의 위원은 국가의 일반정책 집행에 대하여 술탄 앞에서 정치적으로 연대책임을 진다. 각 위원은 자신의 부처나 부서에서 의무와 권한을 행사하는 방식에 대해 술탄 앞에서 개별 책임을 진다.

(أقسم باللّٰه العظيم أن أكون مخلصا لسلطاني وبلادي، وأن أحترم النظام الأساسي للدولة وقوانينها النافذة، وأن أحافظ محافظة تامة على كيانها وسلامة أراضيها، وأن أرعى مصالحها ومصالح مواطنيها رعاية كاملة، وأن أؤدي واجباتي بالصدق والأمانة.)

(مادة ٥١)

يتولى نواب رئيس الوزراء والوزراء الإشراف على شؤون وحداتهم ويقومون بتنفيذ السياسة العامة للحكومة فيها، كما يرسمون اتجاهات الوحدة ويتابعون تنفيذها.

(مادة ٥٢)

أعضاء مجلس الوزراء مسؤولون سياسيا مسؤولية تضامنية أمام السلطان عن تنفيذ السياسة العامة للدولة. وكل منهم مسؤول مسؤولية فردية أمام السلطان عن طريقة أداء واجباته وممارسة صلاحياته في وزارته أو وحدته.

제53조

각료회의 위원이 그들의 내각 직책과 주식회사의 이사회 의장이나 임원을 겸하는 것은 허용되지 않는다. 또한 이들이 관리 감독하는 정부기관이 직접적이거나 간접적인 방식으로 기관에 이익이 되는 회사나 기구와 거래하는 것도 허용되지 않는다. 어떤 경우에도 국익과 공공복리의 증진을 목표로 삼아 행동해야 하며, 어떠한 형태로든 자신의 이익을 위해서나 특별한 관계에 있는 사람들의 이익을 위해 공직을 이용해서는 안 된다.

제54조

부총리와 장관의 재임 기관과 퇴임 이후의 보수는 술탄령으로 정한다.

(مادة ٥٣)

لا يجوز لأعضاء مجلس الوزراء أن يجمعوا بين مناصبهم الوزارية ورئاسه أو عضوية مجلس إدارة أية شركة مساهمة عامة. كما لا يجوز للوحدات الحكومية التي يتولوْنها أو يشرفون عليها أن تتعامل مع أية شركة أو مؤسسة تكون لهم مصلحة فيها سواء بطريقة مباشرة أو غير مباشرة. وعليهم في كل الأحوال أن يستهدفوا بسلوكهم مصالح الوطن وإعلاء كلمة الصالح العام وألا يستغلوا مراكزهم الرسمية بأية صورة كانت لفائدتهم أو لفائدة من تصلهم به علاقة خاصة.

(مادة ٥٤)

تحدد مخصصات نواب رئيس الوزراء والوزراء أثناء توليهم مناصبهم وبعد تقاعدهم بمقتضى أوامر من السلطان.

제55조

제49조, 제50조, 제51조, 제52조, 제53조, 제54조 규정은 장관 직급의 모든 사람에게 적용된다.

특별위원회

제56조

특별위원회는 술탄령에 의해 설치되고 이의 권한이 규정되며 위원들이 임명된다. 이와 달리 설치 칙령이 명시하지 않는 한 특별위원회는 각료위원회를 따른다.[16]

재정

제57조

다음 사안과 이에 대한 책임 당국에 관한 특별 규정은 법률로 정한다.

(مادة ٥٥)

تسرى أحكام المواد (٤٩) ، (٥٠) ، (٥١) ، (٥٢) ، (٥٣) ، (٥٤) ، على كل منهم في مرتبة وزير .

المجالس المتخصصة

(مادة ٥٦)

تنشأ المجالس المتخصصة وتحدد صلاحياتها ويعين أعضاؤها بمقتضى مراسيم سلطانية . وتتبع مجلس الوزراء ما لم تنص مراسيم إنشائها على خلاف ذلك .

الشؤون المالية

(مادة ٥٧)

يبين القانون الأحكام الخاصة بالمسائل التالية والجهات المسؤولة عنها:

- 세금, 수수료, 기타 공공재원의 징수와 지출 절차

- 국유재산의 유지와 관리, 매각 조건, 재산들 중 일부의 양도가 허용되는 범위

- 국가의 일반예산과 결산[17]

- 독립, 추경, 일반예산과 결산

- 국가의 재정 감독

- 국가가 제공하거나 획득하는 차관

- 화폐[18]와 금융, 표준과 도량형

- 국고에 의해 결정되는 급여, 연금, 배상금, 보조금, 보수 업무

– تحصيل الضرائب والرسوم وغيرها من الأموال العامة وإجراءات صرفها.

– حفظ أملاك الدولة وإدارتها وشروط التصرف فيها، والحدود التي يجوز فيها التنازل عن شيء من هذه الأملاك.

– الميزانية العامة للدولة والحساب الختامي.

– الميزانيات العامة المستقلة والملحقة وحساباتها الختامية.

– الرقابة المالية للدولة.

– القروض التي تقدمها أو تحصل عليها الدولة.

– النقد والمصارف، والمقاييس والمكاييل والموازين.

– شؤون المرتبات والمعاشات والتعويضات والإعانات والمكافآت التي تقرر على خزانة الدولة.

제5장

오만의회

제58조

오만의회는 다음과 같이 구성된다.

    1. 국가의회[19]

    2. 슈라의회[20]

국가의회

제58조 조항

국가의회는 의장과 의원들로 구성되고, 의장을 포함한 그 수는 슈라의회 의원수를 초과하지 못하며, 그들은 술탄령으로 임명된다.

الباب الخامس
مجلس عمان

(مادة ٥٨)

يتكون مجلس عمان من:

١ – مجلس الدولة

٢ – مجلس الشورى

مجلس الدولـة

(مادة ٥٨ مكررا)

يتكون مجلس الدولة من رئيس وأعضاء لا يتجاوز عددهم بالرئيس عدد أعضاء مجلس الشورى، يعينون بمرسوم سلطاني.

제58조 제1항

국가의회 의원은 다음과 같은 범위 내에서 선출된다.

- 전직 장관 및 차관, 이에 준하는 사람

- 전직 대사

- 전직 고위 법관

- 퇴역 고위 장교

- 학문, 예술, 문화 분야에 있어서 능력과 경험이 입증된 사람과 대학교, 전문대학, 고등교육기관의 교수

- 고위 관리와 사업가

- 국가에 크게 이바지 한 사람

- 술탄 폐하가 상기 범위에 속하지 않은 사람 가운데 선택한 사람

제58조 제2항

제58조 제1항을 위반하지 않는다면 어느 누구라도 국가의

(مادة ٥٨ مكررا ١)

يتم اختيار أعضاء مجلس الدولة من بين الفئات الآتية:

– الوزراء ووكلاء الوزارة السابقون ومن في حكمهم.

– السفراء السابقون.

– كبار القضاة السابقون.

– كبار الضباط المتقاعدون.

– المشهود لهم بالكفاءة والخبرة في مجالات العلم والأدب والثقافة وأساتذة الجامعات والكليات والمعاهد العليا.

– الأعيان ورجال الأعمال.

– الشخصيات التي أدت خدمات جليلة للوطن.

– من يرى جلالة السلطان اختياره من غير الفئات السابقة.

(مادة ٥٨ مكررا ٢)

دون الإخلال بحكم المادة (٥٨) مكررا (١) يشترط

회 의원으로 선출될 수 있는 조건은 다음과 같다.

- 태생이 오만인이어야 한다.

- 나이가 임명 당일 서력으로 40세 이상이어야 한다.

- 설사 복권이 되었더라도 형사처벌이나 명예나 정직을 위반한 범죄로 최종 판결을 받지 않은 자라야 한다.

- 보안기관이나 군기관에 소속되지 않는 자라야 한다.

- 재판에 의해 금지된 자가 아니어야 한다.

- 정신병을 앓지 않은 자라야 한다.

제58조 제3항

국가의회의 임기는 첫 번째 회의일로부터 시작되어 서력으로 4년이며, 어떤 경우에도 슈라의회의 임기 기간보다 적지 않아야 한다.

فيمن يتم اختياره لعضوية مجلس الدولة الآتي:

- أن يكون عماني الجنسية.
- ألا تقل سنه عن أربعين سنة ميلادية في تاريخ تعيينه.
- ألا يكون قد سبق الحكم عليه نهائيا بعقوبة جناية أو في جريمة مخلة بالشرف أو الأمانة ولو رد إليه اعتباره.
- ألا يكون منتسبا إلى جهة أمنية أو عسكرية.
- ألا يكون محجورا عليه بحكم قضائي.
- ألا يكون مصابا بمرض عقلي.

(مادة ٥٨ مكررا ٣)

تكون فترة مجلس الدولة أربع سنوات ميلادية تبدأ من تاريخ أول اجتماع له، على ألا تقل في جميع الأحوال عن فترة مجلس الشورى.

제58조 제4항

국가의회는 의원들 가운데서 임기 기간이 동일한 두 명의 부의장을 첫 회기에서 선출한다. 만일 어느 한 명이라도 공석이 발생하면 공석자의 임기 말까지 그를 대신할 사람을 선출한다. 선거는 어떤 경우에도 비밀·직접 투표와 의회 의원 절대 과반수로 이루어진다.

제58조 제5항

국가의회의 의원직은 다음과 같은 사유로 종료된다.

- 의회 임기 만료
- 의원직 면직
- 사망이나 완전한 무기력

제58조 제6항

국가의회 의원은 의장에게 제출한 청원으로 의원직 사임을 요구할 수 있고, 의장은 이를 술탄 폐하에게 상정해야

(مادة ٥٨ مكررا ٤)

ينتخب مجلس الدولة من بين أعضائه ولمثل فترته في أول جلسة له نائبين للرئيس، وإذا خلا مكان أي منهما ينتخب المجلس من يحل محله إلى نهاية فترته، وفي جميع الأحوال يكون الانتخاب بالاقتراع السري المباشر وبالأغلبية المطلقة لأعضاء المجلس.

(مادة ٥٨ مكررا ٥)

تنتهي العضوية في مجلس الدولة بأحد الأسباب الآتية:
- انتهاء فترة المجلس.
- الإعفاء من العضوية.
- الوفاة أو العجز الكلي.

(مادة ٥٨ مكررا ٦)

لعضو مجلس الدولة أن يطلب إعفاءه من عضوية المجلس بالتماس يقدم إلى رئيس المجلس، وعلى

만 한다. 국가의회 의원이 임명된 의원직 조건들 중 하나를 상실하였거나, 신임과 존경을 잃었거나, 의원직의 의무를 위반한 경우에 면직된다.

제58조 제7항

제58조 제1항의 5번째("학문, 예술, 문화 분야에 있어서 능력과 경험이 입증된 사람과 대학교, 전문대학, 고등교육기관의 교수")와 8번째("술탄 폐하가 상기 범위에 속하지 않은 사람 가운데 선택한 사람")에 명시된 두 범주를 제외하고 국가의회 의원직과 공직을 겸하는 것은 허용되지 않는다.

슈라의회

제58조 제8항

슈라의회는 술탄의 모든 주(州)를 대표하는 선출 의원들

الرئيس أن يرفعه إلى جلالة السلطان. وفي جميع الأحوال يجب إعفاء عضو مجلس الدولة إذا فقد أحد شروط العضوية التي عين على أساسها أو إذا فقد الثقة والاعتبار أو إذا أخل بواجبات العضوية.

(مادة ٥٨ مكررا ٧)
لا يجوز إلا للفئتين المنصوص عليهما في البندين الخامس والثامن من المادة (٥٨) مكررا (١) الجمع بين عضوية مجلس الدولة وتولي الوظائف العامة.

مجلس الشورى

(مادة ٥٨ مكررا ٨)
يتكون مجلس الشورى من أعضاء منتخبين يمثلون

로 구성된다. 입후보 개시일에 주(州)의 인구 수가 삼만 명을 초과하지 않는다면 한 명의 의원이 한 주(州)를 대표하고, 같은 날에 인구 수가 이(삼만 명)를 초과하는 때에는 두 명의 의원이 한 주(州)를 대표할 수 있도록 슈라의회 의원 수는 정해진다.

제58조 제9항

슈라의회 의원 선거는 선거법에 규정된 방식에 따라 보통 ·비밀·직접 투표로 이루어진다.

제58조 제10항

슈라의회 의원직에 입후보하는 자는 다음 조건을 따른다.

- 태생이 오만인이어야 한다.
- 입후보 개시일에 서력으로 30세 이상이어야 한다.
- 교육 수준이 고등학교 이상이어야 한다.

جميع ولايات السلطنة، ويحدد عدد أعضاء المجلس بحيث يمثل كل ولاية عضو واحد، إذا كان عدد سكانها لا يتجاوز ثلاثين ألفا في تاريخ فتح باب الترشيح، وعضوان متى تجاوز عدد سكان الولاية هذا الحد في ذات التاريخ.

(مادة ٥٨ مكررا ٩)
يكون انتخاب أعضاء مجلس الشورى بالاقتراع العام السري المباشر على النحو الذي يبينه قانون الانتخاب.

(مادة ٥٨ مكررا ١٠)
يشترط فيمن يرشح لعضوية مجلس الشورى الآتي:
– أن يكون عماني الجنسية بصفة أصلية.
– ألا تقل سنه عند فتح باب الترشيح عن ثلاثين سنة ميلادية.
– ألا يقل مستواه العلمي عن دبلوم التعليم العام.

- 설사 복권이 되었더라도 형사처벌이나 명예나 정직을 위반한 범죄로 최종 판결을 받지 않은 자라야 한다.
- 선거인 명부에 등록이 된 자라야 한다.
- 재판에 의해 금지된 자가 아니어야 한다.
- 정신병을 앓지 않은 자라야 한다.

의원직 임기가 끝나는 사람은 누구든지 슈라의회 의원직에 다시 입후보하는 것이 허용된다.

제58조 제11항

슈라의회 임기는 첫 번째 회의일로부터 시작되어 서력으로 4년이고, 새 의회 선거는 현 의회 임기 만료 전 90일 이내에 진행된다. 만약 의회 임기 만료 전에 선거가 끝나지 않았거나 어떤 사유로 지연이 되었다면, 의회는 새 의회 선거가 완료될 때까지 존속한다. 의회 임기 연장은 필요할 경우를 제외하고는 허용되지 않으며,

– ألا يكون قد سبق الحكم عليه نهائيا بعقوبة جناية أو في جريمة مخلة بالشرف أو الأمانة ولو رد إليه اعتباره.

– أن يكون مقيدا في السجل الانتخابي.

– ألا يكون محجورا عليه بحكم قضائي.

– ألا يكون مصابا بمرض عقلي.

ويجوز لمن انتهت فترة عضويته الترشح ثانية لعضوية مجلس الشورى.

(مادة ٥٨ مكررا ١١)

تكون فترة مجلس الشورى أربع سنوات ميلادية تبدأ من تاريخ أول اجتماع له، وتجرى انتخابات المجلس الجديد خلال التسعين يوما السابقة على نهاية تلك الفترة، وإذا لم تتم الانتخابات عند انتهاء فترة المجلس أو تأخرت لأي سبب من الأسباب، يبقى المجلس قائما حتى يتم انتخاب المجلس الجديد، ولا

술탄령에 의하지 아니하고서는 그 기간도 한 회기를 초과할 수 없다.

제58조 제12항

슈라의회는 임기 기간이 동일한 두 명의 부의장을 선출하기 위해 회기에 앞선 특별회기에서 술탄 폐하의 요청으로 소집되며, 최고 연장자가 이 회기의 의장을 맡는다. 만일 어느 한 명이라도 공석이 발생하면 공석자의 임기 말까지 그를 대신할 사람을 선출한다. 선거는 어떤 경우에도 비밀·직접 투표와 의회 의원 절대 과반수로 이루어진다.

제58조 제13항

슈라의회 임기 종료 이전에 공석이 발생하면 같은 임기 의회 선출 결과의 순서에 따라 같은 선거구 후보자 중 한 명으로 그 공석을 채운다. 이는 가장 많은 득표를 한 후보

يجوز مد فترة المجلس إلا للضرورة وبمرسوم سلطاني على ألا يتجاوز هذا المد دور انعقاد واحد.

(مادة ٥٨ مكررا ١٢)

يجتمع مجلس الشورى بدعوة من جلالة السلطان في جلسة استثنائية تسبق دور الانعقاد لانتخاب رئيس له ونائبين للرئيس لمثل فترته، ويتولى رئاسة هذه الجلسة أكبر الأعضاء سنا، وإذا خلا مكان أي منهم ينتخب المجلس من يحل محله إلى نهاية فترته، وفي جميع الأحوال يكون الانتخاب بالاقتراع السري المباشر وبالأغلبية المطلقة لأعضاء المجلس.

(مادة ٥٨ مكررا ١٣)

إذا خلا مكان أحد أعضاء مجلس الشورى قبل انتهاء فترته وجب شغل مكانه من قبل أحد المرشحين عن الولاية بحسب ترتيبهم وفقا لنتائج انتخابات المجلس عن

자를 우선적으로 하기 위함이다. 이는 의회에 공석을 통보한 날로부터 60일 이내에 시행한다. 새로 선출된 의원의 임기는 전임자의 기간으로 한다. 만약 의회 임기 종료일 6개월 이내에 공석이 발생할 경우 이 의석은 채워지지 않는다.

제58조 제14항

슈라의회의 선거 감독과 선거 이의신청의 해결은 독립성과 중립성을 가진 최고위원회가 담당하고, 대법원의 부원장 중 한 명이 의장직을 담당한다. 대법원의 구성방법, 권한 및 그 업무 조직은 법률로 정한다.

제58조 제15항

슈라의회 의원직은 다음 사유 중 하나로 종료된다.

  - 의회 임기 종료

ذات الفترة بحيث يقدم الأكثر من حيث عدد الأصوات التي حصل عليها، وذلك خلال ستين يوما من تاريخ إبلاغ المجلس بخلو المكان، وتكون فترة العضو الجديد هي الفترة المكملة لفترة عضوية سلفه، ولا يتم شغل هذا المكان إذا وقع الخلو خلال ستة أشهر السابقة على التاريخ المحدد لانتهاء فترة المجلس.

(مادة ٥٨ مكررا ١٤)

تتولى الإشراف على انتخابات مجلس الشورى والفصل في الطعون الانتخابية، لجنة عليا تتمتع بالاستقلال والحيدة برئاسة أحد نواب رئيس المحكمة العليا، ويبين القانون طريقة تشكيلها واختصاصاتها ونظام عملها.

(مادة ٥٨ مكررا ١٥)

تنتهي العضوية في مجلس الشورى بأحد الأسباب الآتية:
– انتهاء فترة المجلس.

- 사임

- 사망이나 완전한 무기력

- 의원직 박탈

- 의회 해산

제58조 제16항

슈라의회 의원직 사임은 서면으로 이루어지고, 의회가 그것의 수락이나 거부를 결정할 수 있도록 의장에게 제출한다. 이 사안에 관한 규정은 내규로 정한다.

제58조 제17항

슈라의회 의원의 의원직 박탈은 선출된 의원직 조건들 중 하나를 상실하였거나, 의원직의 의무를 위반하였거나, 신임과 존경을 잃었을 경우에 허용된다. 의원직 박탈은 의회 재적의원 3분의 2의 결의로 공포된다.

– الاستقالة.

– الوفاة أو العجز الكلي.

– إسقاط العضوية.

– حل المجلس.

(مادة ٥٨ مكررا ١٦)

تكون الاستقالة من عضوية مجلس الشورى كتابة وتقدم إلى رئيس المجلس لعرضها على المجلس ليقرر قبولها أو رفضها، وتنظم اللائحة الداخلية للمجلس الأحكام المتعلقة بهذا الشأن.

(مادة ٥٨ مكررا ١٧)

لا يجوز إسقاط العضوية عن عضو مجلس الشورى إلا إذا فقد أحد الشروط التي انتخب على أساسها أو أخل بواجبات عضويته أو فقد الثقة والاعتبار، ويصدر بإسقاط العضوية قرار من المجلس بأغلبية ثلثي أعضائه.

제58조 제18항

슈라의회 의원직과 공직을 겸하는 것은 허용되지 않는다. 공직자가 의원직에 선출된 경우에는 그의 공직 봉사는 선거 결과 발표일로부터 종료되는 것으로 본다. 의원직에 대한 이의신청이 있는 경우, 이의신청에 대한 최종 결정이 있을 때까지는 급료 없이 그의 직책은 유지된다. 의원직의 무효와 그의 승소 결정의 취소가 선고될 경우 공직으로 돌아갈 수 있으며, 그의 급료는 업무 복귀일로부터 지급된다. 이의신청이 거부된 경우, 그의 공직 봉사는 결과 발표일로부터 종료된 것으로 보며, 그는 서력으로 적어도 10년의 봉사 기간으로 산정된 연금을 적립했다는 조건으로 법률에 명시된 특별연금을 받는다.

제58조 제19항

술탄 폐하는 슈라의회를 해산할 수 있고, 해산일로부터 4

(مادة ٥٨ مكررا ١٨)

لا يجوز الجمع بين عضوية مجلس الشورى وتولي
الوظائف العامة، فإذا تم انتخاب أحد الموظفين
العموميين لعضوية المجلس اعتبرت خدمته منتهية من
تاريخ إعلان النتائج، وفي حال الطعن في صحة
عضويته يظل محتفظا بوظيفته دون صرف راتبه إلى
حين صدور حكم نهائي في الطعن، فإذا صدر
الحكم ببطلان عضويته وإلغاء قرار فوزه عاد إلى
وظيفته وصرف له راتبه من تاريخ عودته للعمل، أما
إذا رفض الطعن اعتبرت خدمته منتهية من تاريخ
إعلان النتائج، ويمنح معاشا استثنائيا يحدده القانون
شريطة أن تكون له في هذا التاريخ مدة خدمة
محسوبة في المعاش لا تقل عن عشر سنوات ميلادية.

(مادة ٥٨ مكررا ١٩)

لجلالة السلطان في الحالات التي يقدرها حل

개월 이내에 새로운 선거를 소집할 수 있다.

두 의회 공통 규정

제58조 제20항

국가의회와 슈라의회 의원은 공개 회기에서 의회 업무를 수행하기 전 각각의 의회 앞에서 다음과 같이 선서한다.

"나의 술탄과 국가에 충성하고, 국가 기본법과 법률을 준수하며, 국가의 안보와 오만 사회의 기본 구성원과 고유 가치를 보전하고, 의회와 위원회에서 정직과 성실로 직무를 수행할 것을 위대한 알라께 맹세합니다."

국가의회 의장은 의회 직무를 수행하기 전 술탄 폐하 앞에서 앞의 구절에 명시된 선서를 한다.

مجلس الشورى والدعوة إلى انتخابات جديدة خلال أربعة أشهر من تاريخ الحل.

أحكام مشتركة بين المجلسين

(مادة ٥٨ مكررا ٢٠)

يقسم أعضاء مجلسي الدولة والشورى في جلسة علنية – كل أمام مجلسه – وقبل أن يتولى ممارسة أعماله بالمجلس، اليمين الآتية:

(أقسم بالله العظيم أن أكون مخلصا لسلطاني وبلادي، وأن أحترم النظام الأساسي للدولة والقوانين النافذة، وأن أحافظ على سلامة الدولة وعلى المقومات الأساسية للمجتمع العماني وقيمه الأصيلة وأن أؤدي أعمالي في المجلس ولجانه بالأمانة والصدق.)

ويقسم رئيس مجلس الدولة، قبل أن يتولى أعماله بالمجلس، اليمين المنصوص عليها في الفقرة

제58조 제21항

국가의회 의장과 슈라의회 의장, 부의장, 모든 의원은 효력 중인 법률에 따라 그들의 직무가 국가의 이익을 목표로 해야 하며, 그들의 이익이나 친척이나 특별한 관계에 있는 자의 이익을 위해 공직을 이용하지 않아야 한다. 슈라의회 의원에게 허용되지 않는 행위는 법률로 정한다.

제58조 제22항

의회나 위원회 앞에서 의회의 권한 내에 있는 내부 문제들에 대한 의견이나 진술을 표명한 것에 대해 국가의회나 슈라의회 의원을 처벌하는 것은 허용되지 않는다.

السابقة أمام جلالة السلطان.

(مادة ٥٨ مكررا ٢١)
على رئيس مجلس الدولة ورئيس مجلس الشورى
ونوابهما وكل عضو من أعضاء المجلسين أن
يستهدفوا في أعمالهم مصالح الوطن وفقا
للقوانين المعمول بها، وألا يستغلوا عضويتهم بأي
صورة لفائدتهم الشخصية أو لفائدة من تربطهم
بهم صلة قرابة أو علاقة خاصة، ويحدد القانون
الأعمال التي لا يجوز لأي منهم القيام بها.

(مادة ٥٨ مكررا ٢٢)
لا تجوز مؤاخذة عضو مجلس الدولة أو عضو مجلس
الشورى عما يبديه أمام المجلس أو لجانه من آراء أو
أقوال في الأمور التي تدخل في اختصاص المجلس.

제58조 제23항

현행범이 아닌 경우 관련 의회의 사전 허가가 있지 않고서는 연간 회기 중 국가의회와 슈라의회 의원에 대한 어떠한 형사 절차 채택은 허용되지 않는다. 회기 중이 아닌 경우에는 관련 의회 의장의 허가가 공포될 수 있다.

제58조 제24항

국가의회와 슈라의회의 공동 의원직은 허용되지 않는다.

제58조 제25항

국가의회와 슈라의회는 각각 내규를 정한다. 이 규정은 의회와 위원회 의무 이행 절차, 질서 유지, 토론과 투표 원칙, 슈라의회와 관련된 질문 방식, 의원에게 주어진 기타 특권, 의회에서 의무 이행 절차 위반 시 또는 수용될 수

(مادة ٥٨ مكررا ٢٣)

لا يجوز في غير حالة الجرم المشهود اتخاذ أي إجراءات جزائية ضد عضو مجلس الدولة أو عضو مجلس الشورى أثناء دور الانعقاد السنوي إلا بإذن سابق من المجلس المختص، ويصدر الإذن من رئيس هذا المجلس في غير دور الانعقاد.

(مادة ٥٨ مكررا ٢٤)

لا يجوز الجمع بين عضوية كل من مجلس الدولة ومجلس الشورى.

(مادة ٥٨ مكررا ٢٥)

يضع كل من مجلس الدولة ومجلس الشورى لائحته الداخلية، وتبين هذه اللائحة نظام سير العمل بالمجلس ولجانه وحفظ النظام به، وأصول المناقشة والتصويت، والاستجواب بالنسبة لمجلس الشورى،

있는 해명 없이 의회와 위원회 회의 불참 시에 의원에게 가해지는 벌칙 등을 정한다.

오만의회의 회기와 권한

제58조 제26항

오만의회는 연간 8개월 이상의 정기회기를 가져야 하며 매년 9월 중에 술탄 폐하의 소집 요구로 개최된다. 연간 국가예산 승인 이전의 휴회는 회기기간 동안에 허용되지 않는다.

제58조 제27항

제58조 제26항의 규정을 예외로 하고, 술탄 폐하는 선거 결과 선언일로부터 1개월 이내에 슈라의회 총선 이후 첫

وغير ذلك من الصلاحيات المقررة للأعضاء، والجزاءات التي يجوز توقيعها على العضو في حال مخالفته نظام سير العمل بالمجلس أو تخلفه عن حضور جلسات المجلس أو لجانه بدون عذر مقبول.

أدوار انعقـاد واختصاصات مجلس عمـان

(مادة ٥٨ مكررا ٢٦)

يكون لمجلس عمان دور انعقاد عادي لا يقل عن ثمانية أشهر في السنة، يعقد بدعوة من جلالة السلطان خلال شهر نوفمبر من كل عام، ولا يجوز فض دور الانعقاد العادي قبل اعتماد ميزانية الدولة.

(مادة ٥٨ مكررا ٢٧)

استثناء من أحكام المادة (٥٨) مكررا (٢٦)، يدعو جلالة السلطان مجلس عمان لأول اجتماع

회합을 갖기 위해 오만의회를 소집한다.

제58조 제28항

술탄 폐하는 정기회가 아닌 때에도 그가 결정하는 상황에서 오만의회의 회기를 소집할 수 있다.

제58조 제29항

오만의회 회기 소집은 정기회기나 임시회기에 이루어지며, 회기 소집의 연기는 적법한 수단에 따라 이루어진다.

제58조 제30항

국가의회와 슈라의회 회의는 무스까트 시의 의회 본부에서 개최되고, 술탄 폐하는 두 의회의 회의를 다른 장소에서도 소집할 수 있다.

يلي الانتخابات العامة لمجلس الشورى خلال شهر من تاريخ إعلان نتائج تلك الانتخابات.

(مادة ٥٨ مكررا ٢٨)
لجلالة السلطان دعوة مجلس عمان للاجتماع في الحالات التي يقدرها وذلك في غير دور الانعقاد العادي.

(مادة ٥٨ مكررا ٢٩)
تكون دعوة مجلس عمان للانعقاد في أدواره العادية أو غير العادية وفضها بأداة قانونية مناسبة.

(مادة ٥٨ مكررا ٣٠)
يعقد كل من مجلس الدولة ومجلس الشورى اجتماعاته في مقره بمدينة مسقط ولجلالة السلطان دعوتهما للاجتماع في أي مكان آخر.

제58조 제31항

국가의회와 슈라의회 회기는 공개이고, 각료회의와 두 의회 중 어느 측과의 합의를 필요로 하는 상황에서는 비공개 회기 개최가 허용된다.

제58조 제32항

국가의회와 슈라의회 개최가 유효하기 위해서는 의원 과반수의 출석을 조건으로 하고, 출석자들 중에 의장이나 한 명의 부의장이 반드시 있어야 한다. 만일 정족수가 충족되지 않으면 그 회기는 다음 회기로 연기된다.

제58조 제33항

국가의회와 슈라의회 결의들은 출석 의원수의 절대 과반수로 통과되며, 특정 과반수를 조건으로 하지 않는 경우에 그러하다. 투표수가 동수이면 의장이 속해 있는

(مادة ٥٨ مكررا ٣١)

تكون جلسات كل من مجلس الدولة ومجلس الشورى علنية، ويجوز عقد جلسات غير علنية في الحالات التي تقتضي ذلك بالاتفاق بين مجلس الوزراء وأي من المجلسين.

(مادة ٥٨ مكررا ٣٢)

يشترط لصحة انعقاد كل من مجلس الدولة ومجلس الشورى حضور أغلبية أعضائه على أن يكون من بينهم الرئيس أو أحد نائبيه، فإن لم يكتمل العدد المطلوب تؤجل الجلسة إلى الجلسة التي تليها.

(مادة ٥٨ مكررا ٣٣)

تصدر قرارات كل من مجلس الدولة ومجلس الشورى بالأغلبية المطلقة للأعضاء الحاضرين، وذلك في غير الحالات التي تشترط فيها أغلبية خاصة، وإذا

쪽이 우세하다.

제58조 제34항

슈라의회가 해산되면 국가의회의 회기들은 중단된다.

제58조 제35항

정부가 준비한 법률안은 비준이나 개정을 위해 오만의회로 제출하고, 공포를 위해 술탄 폐하에게 즉시 상정한다.

오만의회에 의해 법률안의 개정이 진행되는 상황에서는 술탄 폐하가 개정안의 재고를 위해 법률안을 의회로 환부하고, 이후 술탄 폐하에게로 재 상정한다.

제58조 제36항

오만의회는 법률안을 제안하고 검토를 위해 이를 정부로

تساوت الأصوات يرجح الجانب الذي منه الرئيس.

(مادة ٥٨ مكررا ٣٤)
إذا حل مجلس الشورى توقفت جلسات مجلس الدولة.

(مادة ٥٨ مكررا ٣٥)
تحال مشروعات القوانين التي تعدها الحكومة إلى مجلس عمان لإقرارها أو تعديلها ثم رفعها مباشرة إلى جلالة السلطان لإصدارها.
وفي حال إجراء تعديلات من قبل مجلس عمان على مشروع القانون يكون لجلالة السلطان رده إلى المجلس لإعادة النظر في تلك التعديلات ثم رفعه ثانية إلى جلالة السلطان.

(مادة ٥٨ مكررا ٣٦)
لمجلس عمان اقتراح مشروعات قوانين وإحالتها إلى

제출하며, 이후 정부가 이를 다시 의회로 제출한다. 법률안의 비준이나 개정, 공포는 제58조 제35항에 명시된 절차를 따른다.

제58조 제37항

법률안은 내각으로부터 제출된 날로부터 최대 3개월 이내에 이 안에 대한 비준이나 개정을 발표해야 하는 슈라의회로 제출되어야 하고, 제출된 날로부터 최대 45일 이내에 이 안에 대한 비준이나 개정을 발표해야 하는 국가의회로 제출되어야 한다. 만일 두 의회가 이 안에 대해 의견을 달리하면 국가의회 의장의 요청으로 두 의회 간의 이견들을 토론하기 위해 국가의회 의장의 주재로 공동회의를 소집하며 동일 회기에 이 안에 대한 투표를 실시한다. 결의안은 출석 의원 절대 과반수로 공포되고, 모든 경우에 국회의장은 두 의회의 의견을 첨부하여 술탄 폐하에게 안을 상정한다.

الحكومة لدراستها ثم إعادتها إلى المجلس، وتتبع بشأن إقرارها أو تعديلها وإصدارها ذات الإجراءات المنصوصة عليها في المادة (٥٨) مكررا (٣٥).

(مادة ٥٨ مكررا ٣٧)

تحال مشروعات القوانين من مجلس الوزراء إلى مجلس الشورى الذي يجب عليه البت في المشروع بإقراره أو تعديله خلال ثلاثة أشهر على الأكثر من تاريخ الإحالة إليه ثم إحالته إلى مجلس الدولة الذي يجب عليه البت فيه بإقراره أو تعديله خلال خمسة وأربعين يوما على الأكثر من تاريخ الإحالة إليه، فإذا اختلف المجلسان بشأن المشروع اجتمعا في جلسة مشتركة برئاسة رئيس مجلس الدولة وبدعوة منه لمناقشة أوجه الاختلاف بين المجلسين ثم التصويت على المشروع في ذات الجلسة، وتصدر القرارات بالأغلبية المطلقة للأعضاء الحاضرين، وفي

제58조 제38항

긴급성을 요하는 법률안은 내각으로부터 제출된 날로부터 1개월 이내에 비준이나 개정에 대한 안을 발표해야 하는 슈라의회로 제출되어야 하고, 이는 제출된 날로부터 15일 이내에 비준이나 개정을 발표해야 하는 국가의회로 제출되어야 한다. 국가의회 의장은 두 의회의 의견을 첨부하여 이를 술탄 폐하에게 상정해야만 한다.

제58조 제39항

술탄 폐하는 오만의회의 회기 사이와 슈라의회의 해산 기간 동안 국가의회의 회기가 중단되었을 때 법률 효력을

جميع الأحوال على رئيس مجلس الدولة رفع المشروع إلى جلالة السلطان مشفوعا برأي المجلسين.

(مادة ٥٨ مكررا ٣٨)
تحال مشروعات القوانين التي لها صفة الاستعجال من مجلس الوزراء إلى مجلس الشورى الذي يجب عليه البت في المشروع بإقراره أو تعديله خلال شهر على الأكثر من تاريخ الإحالة إليه ثم إحالته إلى مجلس الدولة الذي يجب عليه البت فيه بإقراره أو تعديله خلال خمسة عشر يوما على الأكثر من تاريخ الإحالة إليه، وعلى رئيس مجلس الدولة رفعه إلى جلالة السلطان مشفوعا برأي المجلسين.

(مادة ٥٨ مكررا ٣٩)
لجلالة السلطان إصدار مراسيم سلطانية لها قوة القانون فيما بين أدوار انعقاد مجلس عمان وخلال فترة حل

가진 술탄령을 공포할 수 있다.

제58조 제40항

국가발전계획안과 연간예산안은 제출된 날로부터 1개월 이내에 사안에 대한 토의와 건의 표명을 위해 국무회의로부터 슈라의회로 제출되어야 하고, 이는 제출된 날로부터 15일 이내에 그 사안에 대한 토의와 건의 표명을 위해 국가의회로 제출되어야 한다. 국가의회 의장은 두 의회의 건의를 첨부하여 내각으로 환부해야 하며, 내각은 이 사안에 대한 건의 중 채택이 이루어지지 않은 것에 대한 이유를 언급하여 두 의회에 통보해야만 한다.

제58조 제41항

정부가 체결이나 가입을 결정하는 경제적 · 사회적 협정안

مجلس الشورى وتوقف جلسات مجلس الدولة.

(مادة ٥٨ مكررا ٤٠)

تحال مشروعات خطط التنمية والميزانية السنوية
للدولة من مجلس الوزراء إلى مجلس الشورى
لمناقشتها وإبداء توصياته بشأنها خلال شهر على
الأكثر من تاريخ الإحالة إليه ثم إحالتها إلى مجلس
الدولة لمناقشتها وإبداء توصياته بشأنها خلال
خمسة عشر يوما على الأكثر من تاريخ الإحالة
إليه، وعلى رئيس مجلس الدولة إعادتها إلى مجلس
الوزراء مشفوعة بتوصيات المجلسين، وعلى مجلس
الوزراء إخطار المجلسين بما لم يتم الأخذ به من
توصياتهما في هذا الشأن مع ذكر الأسباب.

(مادة ٥٨ مكررا ٤١)

تحال مشروعات الاتفاقيات الاقتصادية والاجتماعية

은 심사숙고를 위해 슈라의회로 이송하고, 적합한 것이 무엇인지를 채택하기 위해 동일한 사안을 국무회의로 제출한다.

제58조 제42항

국가 금융·행정 감독 기구는 연간보고서 사본을 슈라의회와 국가의회로 제출해야 한다.

제58조 제43항

슈라의회 의원 15명 이상이 서명한 요청서에 따라 권한을 초월하여 법률을 위반한 사안들에 대해 어느 장관에게나 질의하는 것은 허용된다. 의회는 이를 토의할 수 있으며 동일한 사안을 술탄 폐하에게 상정할 수 있다.

التي تعتزم الحكومة إبرامها أو الانضمام إليها إلى مجلس الشورى، لإبداء مرئياته وعرض ما يتوصل إليه بشأنها على مجلس الوزراء لاتخاذ ما يراه مناسبا.

(مادة ٥٨ مكررا ٤٢)

على جهاز الرقابة المالية والإدارية للدولة إرسال نسخة من تقريره السنوي إلى كل من مجلس الشورى ومجلس الدولة.

(مادة ٥٨ مكررا ٤٣)

يجوز بناء على طلب موقع من خمسة عشر عضوا على الأقل من أعضاء مجلس الشورى استجواب أي من وزراء الخدمات في الأمور المتعلقة بتجاوز صلاحياتهم بالمخالفة للقانون، ومناقشة ذلك من قبل المجلس ورفع نتيجة ما يتوصل إليه في هذا الشأن إلى جلالة السلطان.

제58조 제44항

장관은 부처에 관련된 계획 실행 단계에 관한 연례보고서를 슈라의회에 제출해야만 하고, 의회는 부처의 권한 내 사안들에 대한 보고와 그 사안에 대한 토의를 위해 장관을 소집할 수 있다.

(مادة ٥٨ مكررا ٤٤)

على وزراء الخدمات موافاة مجلس الشورى بتقرير سنوي عن مراحل تنفيذ المشاريع الخاصة بوزاراتهم، وللمجلس دعوة أي منهم لتقديم بيان عن بعض الأمور الداخلة في اختصاصات وزارته ومناقشته فيها.

제6장

사법

제59조

법주권은 국가 통치의 토대이다. 권리와 자유는 사법부의
존엄, 법관의 청렴과 공정에 의하여 보장된다.

제60조

사법부는 독립적이며, 다양한 유형과 심급의 법원은 사법
권을 수행하고[21], 법률에 의거해 판결을 내린다.

제61조

법률 이외에 재판에서 법관을 지배하는 권력은 없다. 그

الباب السادس
القضـاء

(مادة ٥٩)

سيادة القانون أساس الحكم في الدولة. وشرف القضاء ونزاهة القضاة وعدلهم ضمان للحقوق والحريات.

(مادة ٦٠)

السلطة القضائية مستقلة، وتتولاها المحاكم على اختلاف أنواعها ودرجاتها، وتصدر أحكامها وفق القانون.

(مادة ٦١)

لا سلطان على القضاة في قضائهم لغير القانون. وهم غير قابلين للعزل إلا في الحالات التي يحددها

(법관)는 법률이 정하는 상황이 아니고서는 면직되지 않는다. 어떠한 기관에게도 소송이나 재판 사안에 간섭하는 것은 허용되지 않는다. 이러한 간섭은 법률에 의해 처벌받는 범죄로 본다. 재판을 담당하는 자가 이행해야 하는 의무 조건, 판사 임명의 조건과 절차, 전출과 승진, 그들을 위해 결정된 보장책들, 면직시킬 수 없는 상황, 기타 관련 규정들은 법률로 정한다.

제62조

법정의 다양한 유형와 심급, 역할과 권한은 법률로 정한다. 군사법정의 권한은 군대와 보안군의 구성원에 의해 발생하는 군사범죄로 국한하고, 계엄령 상황이 아니라면 타인에게로 확대되지 않는다. 이는 법률이 정하는 테두리 내에 있다.

제63조

법정의 회기는, 법정이 공공질서나 공중도덕을 고려하여

القانون. ولا يجوز لأية جهة التدخل في القضايا أو في شؤون العدالة. ويعتبر مثل هذا التدخل جريمة يعاقب عليها القانون. ويحدد القانون الشروط الواجب توافرها فيمن يتولى القضاء، وشروط وإجراءات تعيين القضاة ونقلهم وترقيتهم والضمانات المقررة لهم وأحوال عدم قابليتهم للعزل وغير ذلك من الأحكام الخاصة بهم.

(مادة ٦٢)

يرتب القانون المحاكم على اختلاف أنواعها ودرجاتها، ويبين وظائفها واختصاصاتها، ويقتصر اختصاص المحاكم العسكرية على الجرائم العسكرية التي تقع من أفراد القوات المسلحة وقوات الأمن ولا يمتد إلى غيرهم إلا في حالة الحكم العرفي وذلك في الحدود التي يقررها القانون.

(مادة ٦٣)

جلسات المحاكم علنية إلا إذا قررت المحكمة جعلها

비공개로 결정하지 않는 한 공개적이다. 모든 상황에서 판결의 공포는 공개 회의에서 이루어진다.

제64조

검찰은 사회의 이름으로 공적 소송을 담당하고, 사법권 업무를 감독하며, 형사법의 적용과 죄인의 추적, 판결의 집행을 감시한다. 검찰과 그의 권한은 법률로 정하며, 검찰과 관련된 조건과 보장책은 법률로 정한다. 공안당국은 범죄의 경우 법에 의한 예외적인 방식으로 형사소송(공적 소송)의 수행을 위탁할 수 있으며, 이는 법률이 규정하고 있는 조건에 따라야 한다.

제65조

변호사직은 법률로 정한다.

سرية مراعاة للنظام العام أو الآداب. وفي جميع الأحوال يكون النطق بالحكم في جلسة علنية.

(مادة ٦٤)

يتولى الإدعاء العام الدعوى العمومية باسم المجتمع، ويشرف على شؤون الضبط القضائي، ويسهر على تطبيق القوانين الجزائية وملاحقة المذنبين وتنفيذ الأحكام. ويرتب القانون الإدعاء العام وينظم اختصاصاته ويعين الشروط والضمانات الخاصة بمن يولون وظائفه. ويجوز أن يعهد، بقانون، لجهات الأمن العام بتولي الدعوى العمومية في الجنح على سبيل الاستثناء، ووفقا للأوضاع التي يبينها القانون.

(مادة ٦٥)

ينظم القانون مهنة المحاماة.

제66조

사법부에는 법정과 협력기관의 원활한 업무 진행을 감독
하는 최고위원회를 두며, 법관과 검찰의 기능적 사안들에
대한 사법부의 권한은 법률로 정한다.

제67조

행정소송의 해결은 특별 부서와 특별 법원을 통하여 법률
로 판결을 내리며, 조직과 행정재판의 이행 방식은 법률로
정한다.

제68조

재판부 사이의 권한에 대한 이견과 판결의 모순에 대한
해결 방법은 법률로 정한다.

제69조

부처와 정부의 기타 기관에 대해 법적 견해 표명을 담

(مادة ٦٦)

يكون للقضاء مجلس أعلى يشرف على حسن سير العمل في المحاكم وفي الأجهزة المعاونة ويبين القانون صلاحياته في الشؤون الوظيفية للقضاة والإدعاء العام.

(مادة ٦٧)

ينظم القانون الفصل في الخصومات الإدارية بواسطة دائرة أو محكمة خاصة يبين القانون نظامها وكيفية ممارستها للقضاء الإداري.

(مادة ٦٨)

ينظم القانون طريقة البت في الخلاف على الاختصاص بين جهات القضاء وفي تنازع الأحكام.

(مادة ٦٩)

يحدد القانون اختصاصات الجهة التي تتولى إبداء

당하는 기관의 권한은 법률로 정하며, 법안과 시행규칙, 결의를 입안하고 검토한다. 또한 재판부 앞에서 국가와 여타 공공기관을 대표하는 방식은 법률로 정한다.

제70조

국가 기본법과 그것의 조항을 위반하지 않는 법률이나 시행규칙의 적용 범위와 관련된 논쟁의 해결을 담당하는 재판부는 법률로 정하며, 그 기관이 따를 권한과 절차도 법률로 정한다.

제71조

판결은 술탄의 이름으로 공포되고 집행된다. 소관 공무원에 의한 판결의 집행 거부나 중단은 법률에 의해 처벌 받는 범죄이다. 이러한 경우 형을 선고 받은 이에게는 소관 법정에 직접 형사소송을 제기할 권리가 있다.

الرأي القانوني للوزارات والجهات الحكومية الأخرى، وتقوم بصياغة مشروعات القوانين واللوائح والقرارات ومراجعتها، كما يبين كيفية تمثيل الدولة وسائر الهيئات والمؤسسات العامة أمام جهات القضاء.

(مادة ٧٠)

يعين القانون الجهة القضائية التي تختص بالفصل في المنازعات المتعلقة بمدى تطابق القوانين واللوائح مع النظام الأساسي للدولة وعدم مخالفتها لأحكامه، ويبين صلاحياتها والإجراءات التي تتبعها.

(مادة ٧١)

تصدر الأحكام وتنفذ باسم جلالة السلطان. ويكون الامتناع عن تنفيذها أو تعطيل تنفيذها من جانب الموظفين العموميين المختصين جريمة يعاقب عليها القانون. وللمحكوم له في هذه الحالة حق رفع الدعوى الجنائية مباشرة إلى المحكمة المختصة.

제7장
총칙

제72조

오만이 다른 국가, 국제 기구나 조직과 체결한 조약이나 협정과 관련된 것에 대한 이 기본법의 적용은 위반이 아니다.

제73조

계엄령이 발효 중이고 법률이 명시하고 있는 테두리 내에서가 아니고는 이 기본법의 어떠한 조항의 중지도 허용되지 않는다.

الباب السابع
أحكام عامـة

(مادة ٧٢)

لا يُخل تطبيق هذا النظام بما ارتبطت به سلطنة عمان مع الدول والهيئات والمنظمات الدولية من معاهدات واتفاقيات.

(مادة ٧٣)

لا يجوز تعطيل أي حكم من أحكام هذا النظام إلا أثناء قيام الأحكام العرفية وفي الحدود التي يبينها القانون.

제74조

법률은 그것이 공포된 날로부터 2주 동안 관보에 게재하며, 특정한 날짜를 명시하지 않는 한 그 법률안은 관보에 게재한 날로부터 효력을 발생한다.

제75조

법률 조항은 효력 발생일 이후에 발생한 것에 대해서만 법적 효력이 있다. 법률적으로 상반되게 명시된 경우를 제외하고 효력 발생일 이전에 발생한 것에 대해서는 어떠한 효력도 소급되지 않는다. 형사법, 세법, 금융수수료는 이 예외에 포함되지 않는다.

제76조

조약과 협정은 승인 이후가 아니고는 법적 효력이 없다. 어떠한 상황에서도 조약이나 협정이 공개 조건을 위반하는 비밀 조건을 포함하는 것은 허용되지 않는다.

(مادة ٧٤)

تنشر القوانين في الجريدة الرسمية خلال أسبوعين من يوم إصدارها، ويعمل بها من تاريخ نشرها ما لم ينص فيها على تاريخ آخر.

(مادة ٧٥)

لا تسرى أحكام القوانين إلا على ما يقع من تاريخ العمل بها ولا يترتب عليها أثر فيما وقع قبل هذا التاريخ إلا إذا نص فيها على خلاف ذلك، ولا يشمل هذا الاستثناء القوانين الجزائية وقوانين الضرائب والرسوم المالية.

(مادة ٧٦)

لا تكون للمعاهدات والاتفاقيات قوة القانون إلا بعد التصديق عليها ولا يجوز في أي حال أن تتضمن المعاهدة أو الاتفاقية شروطا سرية تناقض شروطها العلنية.

제77조

이 기본법의 효력 시에 유효한 법률, 시행규칙, 칙령, 명령, 결의가 규정한 모든 사안들은, 이 기본법의 어느 조항과도 모순되지 않는다면, 계속 효력을 유지한다.

제78조

관계당국은 효력 발생일로부터 2년 이내에 이 기본법이 필요로 하는 현존하지 않는 법률의 공포를 위해 노력해야 한다.

제79조

법적 효력을 갖는 법률과 절차는 국가 기본법의 조항에 부합하여야 한다.

제80조

국법의 일부인 법 규정, 시행 중인 칙령, 국제 조약과 협

(مادة ٧٧)

كل ما قررته القوانين واللوائح والمراسيم والأوامر والقرارات المعمول بها عند نفاذ هذا النظام يظل ساريا، شريطة ألا يتعارض مع نص من نصوصه.

(مادة ٧٨)

تعمل الجهات المختصة على استصدار القوانين غير القائمة والتي يستلزمها هذا النظام وذلك خلال سنتين من تاريخ العمل به.

(مادة ٧٩)

يجب أن تتطابق القوانين والإجراءات التي لها قوة القانون مع أحكام النظام الأساسي للدولة.

(مادة ٨٠)

لا يجوز لأية جهة في الدولة إصدار أنظمة أو لوائح

정을 위반하는 법규, 시행규칙, 결의, 지시의 공포는 국가
의 어떤 기관에게도 허용되지 않는다.

제81조

이 기본법은 공포가 이루어진 동일한 방식에 의하지 아니
하고서는 개정되지 않는다.

أو قرارات أو تعليمات تخالف أحكام القوانين والمراسيم النافذة أو المعاهدات والاتفاقيات الدولية التي هي جزء من قانون البلاد.

(مادة ٨١)

لا يجرى تعديل هذا النظام إلا بنفس الطريقة التي تم بها إصداره.

주석

오만 술탄국 기본법

1   공식명칭은 오만 술탄국(the Sultanate of Oman, سلطنة عمان)이며, 아라비아반도 동남 해안 쪽에 위치해 있음. 국토의 총 면적은 309,501km²이고, 인구는 4,013,391명임(2014.1). 아랍연맹에 가입되어 있는 아랍국가일뿐 아니라 6개 걸프국가들로 구성된 걸프협력위원회(GCC)의 회원국임. 육지로는 사우디아라비아, 아랍에미리트, 예멘과 국경을 접하고 있고, 해안으로는 이란, 파키스탄과 국경을 접하고 있음.

2   무스까트(مسقط)는 오만만에 접해 있는 최대 무역항이며, 120만 명이 거주하는 오만 최대도시임(2014.4). 무스까트는 '가죽 또는 피부'의 의미를 가진 모스카(moscha)에서 유래했다는 설과 '정박 또는 닻을 내리게 하는 장소'를 의미한다는 설이 있음(http://en.wikipedia.org/wiki/Muscat,_Oman 2015.3.31.).

3   1995년 4월 25일에 공식적으로 채택됨. 같은 넓이의 흰색, 붉은색, 녹색과 국기봉 쪽 수직의 붉은색 바탕이 기본임. 그리고 국기봉 쪽의 붉은색 바탕 위쪽 중앙에는 칼집에 꽂혀 있는 하나의 칸자르 단도가 있고, 그것을 칼집에 꽂혀있는 두 개의 칼이 교차하고 있음. 국기에서 녹색은 녹색의 산과 비옥을, 흰색은 평화와 번영을 상징하고, 붉은색은 침범해 온 외적에 대항해 싸우는 것을 상기시키는 것임.

4   오만의 국가 명은 Nashīd as-Salām as-Sultānī(نشيد السلام السلطاني) 이며, 이는 '왕의 인사' 또는 '술탄의 인사'를 의미함. 1970년에 채택되었다가 1996년 11월 6일에 수정되었음.

5   국왕칙서 105/96(Royal Decree 105/96)에 따르면, 술탄은 국방위원회의 회장이 되며, 왕립장관, 경찰·관세청장, 국내안전부장, 왕립해군사령관, 왕립공군사령관, 국왕호위사령관, 국왕군사령관, 술탄군사령관 등 최고위 군장교들 및 치안 총수들로 국방위원회가 구성됨(http://omanlawblog.curtis.com/ 2012/01/basic-law.html).

6   오만의회는 기본법 제58조에 규정된 슈라의회와 국가의회로 구성된 양원제 의회임.

의회는 정부가 국가의 일반정책을 계획할 때 조력하는 역할을 하며, 술탄 까부스가 제기한 문제들을 연구하고 토론하기 위해 술탄의 요청으로 회합을 가지며, 다수결로 사안을 결정함. 의회의 의원은 167명으로 구성되며, 그 중 국가의회 소속 14명을 포함하여 15명의 여성 위원이 있음. 2011년 10월에 술탄 까부스는 오만의회의 권한을 확대함.

7   슈라는 협의체라는 뜻이다. 이슬람 공동체에서 '협의'는 구성원들의 의견을 수렴하기 위한 기구로 오늘날에도 아랍 각국의 의회는 대부분 '슈라'라는 명칭을 사용하고 있다.

8   대학교육 이전에 기초, 예비, 2차 등 3단계 기초단계 교육이 있음. 어느 수준의 교육에서든 의무교육은 아니지만, 2차 학교까지 무료임. 유치원교육은 10세 이하까지 받으며, 기본교육은 1~4학년, 5~6학년 두 사이클로 구성되어 있음. 기본교육 이후에 3년 또는 졸업할 수 있는 시기까지의 2차교육 과정이 있음. 2006~2007년에 1053개의 공립학교에 560,000명, 사립학교에 약 65000명의 학생이 재학 중이었음. 고등교육 체계는 1986년 최초 국립대학인 술탄까부스대학(2006년에 13500명의 학생 재학)이 설립되면서 시작됨. 수도인 무스까트에 6개의 과학대학, 7개의 기술대학, 1개의 고등기술대학이 있음.

9   오만은 1966년에 오만술탄군(القوات المسلحة لسلطان عمان)을 창설했음. 부대의 편재는 오만국왕군, 오만국왕공군, 오만국왕해군, 오만국왕호위군, 국왕오만경찰 등으로 구성되어 있음. 군의 수장은 술탄임. 군인 170,000명과 예비군 45,000명이 있으며, GDP의 6%를 국방비로 사용함(자료: http://en.wikipedia.org/wiki/Sultan_of_Oman's _Armed_Forces, 2015년 3월 30일 검색).

10 오만은 아라비아반도 동남부에 위치하고 있고 사방이 바다, 산악, 사막으로 둘러싸여 있어 인근 걸프 아랍국가들과 다른 독특한 역사, 정치, 문화 특색을 지녀왔다. 또한 종교적으로 다른 대부분의 아랍 무슬림들이 양대 종파인 순니파나 쉬아파를 따르고 있는데 반해, 오만의 무슬림들은 이바디파(Ibadhi)라는 자신들만의 독특한 종파를 유지하고 있다. 오만의 무슬림 가운데 75% 이상이 이바디파를 따르고 있다. 역사적으로 이바디파는 예언자 무함마드(570-632)의 사후 50 여 년 후에 카와리지

파(Khawarij)에서 나와 생성된 분파로 알려져 있다. 이바디파는 684년 이라크 남부 바스라에서 압둘라 빈 이바드 알무리 앗타미미(Abdullah bin Ibad al-Murri al-Tamimi)에 의해 창립된 것으로 알려져 있다. 이바디파에 속한 학자들은 순니파 무슬림들도 학생으로 받아들일 만큼 개방적이었으며, 우마이야조(661-750)나 압바스조(750-1258)와도 우호적인 관계를 유지하려고 노력했다. 그러나 이바디파 역시 정권으로부터의 탄압을 피하지 못했고, 결국 새로운 안식처를 찾기 시작했다. 압둘라 빈 이바드의 제자였던 자비르 이븐 자이드 알아즈디(Jabir ibn Zaid al-Azdi, 642-714)는 새로운 안식처를 찾아 자신의 추종자들을 데리고 바스라를 떠나 오만으로 향했다. 그는 오만에서의 이바디파 창시자가 되어 하디스를 편찬하고 교리를 정립했다. 이때부터 이바디파는 오만에서 뿌리를 내리기 시작했다. 자세한 것은 "오만 이바디파의 기원과 역사" 참조(http://blog.daum.net/woangkm/162).

11 다인종 국가이기 때문에 최소 12개의 토착언어가 사용되고 있음. 오만에는 아랍인 (약 75%), 발루치인(Balochis), 스와힐리인(Swahilis), 쿰자리(Kumzari)어를 사용하는 루르인(Lurs), 힌두인(Hindus), 순니파 이란인, 아잠인(Ajam), 라와티아인(Lawatia), 지발리인(Jibbali) 등이 살고 있음.

12 오만의 언론은 숫자로 보아 매우 미흡한 편이며, 주요 언론 기관은 국가 소유로 되어 있음. 오만의 언론은 크게 라디오, TV, 인터넷 뉴스 미디어, 신문, 잡지 등으로 구분할 수 있음. 국영 오만라디오와 국영 오만TV가 있으며, 국영 오만인터넷 뉴스 미디어로는 오만불레틴(Oman Bulletin), 오만인포(Oman Info), 오마넷(Omanet) 등이 있음. 신문으로는 국영 앗샤비바(Al Shabiba), 국영 알와판(Al Watan), 국영 오만데일리(Oman Daily)가 있으며, 잡지로는 국영 비즈니스 투데이(Business Today), 오만 이코노믹 리뷰(Oman Economic Review) 등이 있음.

13 현재 모병제로, 18-30세 남성 지원병으로 군대를 구성하고 있음. 카타르와 아랍에미리트가 징병제 도입을 고려함에 따라 오만 역시 징병제에 대한 여론이 대두되고 있음.

14 왕령 99/2011에 따라 특별위원회는 각료회의에 부속되고, 위원 선임과 위원의 권한은 술탄령에 따름(56조 참조).

15 총리, 부총리, 각료회의 사무총장 외 31개부 31명의 장관이 있음.

16 왕령 99/2011에 따라 삽입된 구문임.

17 회계연도 시작은 서력으로 매해 1월 1일, 종료일은 12월 31일임.

18 오만의 화폐 단위는 '리알(Rial)'이며, 1 오만 리알(OMR)은 약 2.6달러, 약 2854원
    임(2015년 3월 26일 현재).

19 1997년에 설치됨. 임기는 4년. 연 회기는 8개월 이하임. 2011년에서 시작하여 2015년
    에 끝나는 현 국가의회의 의원은 83명이고, 이중 여성은 15명임. 공식홈페이지 참조
    (http://www.statecouncil.om/Kentico/Inner_Pages/GeneralMeetings/gb_member.aspx,
    2015년 3월 30일 검색).

20 1991년 설치된 슈라의회는 국민직선으로 선출된 의원 84명으로 구성됨. 2011년 총
    선에는 1,300명이 출마하였는데 이중 여성은 77명이었으며, 당선된 여성의원은 1명
    임. 슈라의회는 입법권을 지니지 못하고 내무, 국방, 외교에 관해서도 권한이 없으나
    대 정부 질문을 할 수 있고, 사회·경제 문제에 대해 정부에 조언할 수 있는 권한을
    지님.

21 사법부는 1심법원, 항소법원, 대법원, 군사법원, 행정법원, 샤리아법원으로 구성됨.

비상을 꿈꾸는 술탄국
오만

1. 머리말

오만은 아라비아반도 남동쪽 끝에 위치한 절대 세습 술탄(Sultan)국이다. 술탄은 이슬람문명권에서 칼리파보다 낮은 통치자를 가리키는 말이었으나 셀죽조(1038-1194) 이래 칼리파를 압도하는 강력한 통치자의 의미를 갖게 되었다. 오만만과 인도양에 이르는 약 1,700km의 해안선을 지닌 오만은 사우디아라비아, 예멘, 아랍에미리트와 국경을 마주하고 있다. 특히 오만 본토와 무산담(Musandam)반도는 아랍에미리트를 거쳐야 오갈 수 있다.

수도는 무스까트이고 인구는 400만 명이며, 인종적으로나 문화적으로는 북쪽의 이바디(Ibadi)파와 남쪽의 순니 샤피이파로 양분되어 있다. 전 국민 중 약 86%가 무슬림인데, 이 중 약 70%가 이바디파다. 그리스도교인은 6.5%, 힌두교도는 5.5%, 불교도가 0.8%다. 역사적으로 이바디파는 죄를 지은 자는 무슬림이 아니라고 주장하면서 세 번째 정통칼리파 우스만과 네 번째 정통칼리파 알리 모두에게 반기를 든 카와리지(Khariji)파에서 파생하였다. 그러나 카와리지파와 달리 반란이나 암살을 인정하지 않고 다른 파 무슬림과 공존을 추구한다. 이바디파 무슬림은 정통파에 의해 박해를 받았는데, 오늘날 오만, 알제리의 므잡 오아시스, 튀니지의 제르바섬, 리비아의 주와라와 자발 나푸사 지역, 탄자니아령 잔지바르에 공동체를 형성하고 있다.

오만의 공식언어는 아랍어지만, 남부지역에는 집발리(Jibbali)어와 마흐리(Mahri)어가 널리 쓰이고, 짓다트 알-하라시스(Jiddat al-Harasis)에서는 하르수시(Harsusi)어가, 남쪽 해안에서는 바뜨하리(Bathari)어가, 예멘과 인접한 산악지역에서는 호브요트(Hobyot)어가 각각 사용되고 있다.

인도양 무역으로 살아 온 오만인들은 18세기 말 이래 영국과 여러 협약을 맺었고, 영국의 정치 군사 고문에 의존하였지만 영국의 식민지가 되지는 않았다. 1970년 술탄이 된 까부스(Qabus)는 알 부 사이드(Al Bu Said) 술탄조의 14번째 술탄으로, 근대화 개혁을 실시하여 오만을 안정적인 국가로 발전시켰다. '아랍의 봄' 이후 국민들의 요구를 받아들여 일련의 정치·경제 개혁을 실행에 옮겼고, 국회에 입법권을 부여하고 주민자치권을 강화하였으며, 2012년 12월 최초의 시의회 선거를 실시하였다.

오만은 GCC(걸프협력회의) 회원국으로 석유와 가스에 의존하는 지대국가지만, 경제다변화를 통해 자원 의존도를 줄이고자 노력 중이다. 외교적으로는 미국의 오래된 동맹국으로 양국간에는 자유무역협정이 맺어져 있다. GCC 회원국 중 이란과 가장 우호적인 국가이기도 하다.

2. 역사

오만이 역사에 등장하는 시기는 기원전 3000년경으로 메소포
타미아와 인도 무역에서 중요한 역할을 담당한 마간(Magan)이
오늘날 오만 지역인 것으로 역사학자들은 보고 있다. 마간은 인도
양 무역에서 목재, 구리, 섬록암(閃綠岩)을 공급하였다. 일설에 따
르면 기원전 1000년경부터 오늘날 예멘 쪽에서 오만으로 이주민
이 넘어왔다고 한다. 오만 지역은 오랫동안 페르시아의 지배를 받
았으나 사산조(226-651) 페르시아가 멸망하면서 페르시아인들이
이 지역에서 완전히 퇴각하였다. 오만의 아랍화는 이슬람 발흥기
에 이루어진 것으로 보이는데, 예언자 무함마드(570-632) 시기에
이슬람 개종자가 나왔다는 기록이 있다.

이슬람 초기 오만의 역사는 불분명하다. 줄란다(Julanda) 집안
이 다스렸거나 아니면 우마이야조 칼리파가 보낸 총독이 다스렸
던 것 같다. 749-750년간에 알-줄란다 이븐 마스우드를 이맘으로
추대하고 오만은 이바디 이맘국으로 독립하였으나 압바스조에 의
해 2년만에 붕괴되었다. 793년 무함마드 이븐 아비 앗판을 이맘으

로 하는 두 번째 이바디 이맘국이 성립하여 100년간 존속하다가 893년 압바스조의 바흐레인 총독 무함마드 이븐 누르에 의해 패망하였다.

이후 오만은 혼란기를 겪었는데, 포르투갈이 손을 뻗치기 직전인 15세기경 오만의 북쪽은 수도 니즈와를 중심으로 이맘 나브하니가 통치하고, 남쪽은 이란인들이 장악하였던 듯하다. 포르투갈은 1507년부터 1650년까지 무스까트를 중심으로 오만을 지배하였다. 포르투갈을 몰아낸 이맘 술탄 이븐 사이프는 해군력을 증강하여 향후 오만인이 인근 바다의 강자로 군림할 수 있는 기반을 마련하였다. 그의 아들 사이프 이븐 술탄은 해군력을 바탕으로 아프리카 해안으로 진출하였다. 1698년 사이프는 몸바사의 포르투갈 기지를 함락하였고 잔지바르와 모잠비크 북쪽 해안에서 포르투갈인을 축출하였다. 1837년 오만의 지도자 사이드 이븐 술탄이 잔지바르에 궁을 건설할 정도로 동아프리카 해안 지역에 대한 오만의 영향력이 지대하였다. 그러나 1856년 그가 사망한 후 두 아들 마지드와 수와이니가 각각 잔지바르와 오만을 나누어 통치함에 따라 두 지역이 분리되었고, 수와이니 후손들이 오만을 현재까지 지배하고 있다.

1970년 영국 사관학교 출신인 현 술탄 까부스 빈 사이드가 국호를 '무스까트와 오만'에서 '오만 술탄국'으로 바꾸고 오만을 통치하기 시작하였다. 1971년 아랍연맹과 유엔에 가입하였고, 1981년 GCC의 회원국이 되었다. 1996년 술탄 까부스는 오만을 앗-사이이드 투르키 빈 사이드 빈 술탄의 남성 후손들이 계승하는 절대 세습 술탄국으로 규정하였다.

까부스 통치 아래 오만은 정치적 안정을 누리고 있는데, 1997년에 여성에게, 2002년에는 21세 이상 모든 남녀에게 투표권이 각각 부여되었으며, 2011년 이래 국회의 권한을 확대하는 정치 개혁이 진행 중이다. 경제는 현재 석유와 가스를 바탕으로 한 자원 중심에서 다변화하려는 정책을 수행하고 있다.

3. 면적과 인구

오만의 총면적은 309,500평방km로 세계 71위다. 국경선의 길이는 1,573km로 사우디아라비아(676km), 아랍에미리트(676km), 예멘(288km)과 국경을 맞대고 있다. 인구는 2014년 4월 2일 400만 명(현재 4,000,345명)을 넘어섰다.[1] 국적자는 2,232,949명으로 전 인구 대비 55.8%를 차지하고, 외국인은 1,767,396명으로 44.2%다. 외국인은 이집트, 요르단, 인도, 파키스탄, 방글라데

시, 필리핀에서 온 이주노동자가 주를 이룬다. 성별을 보면 국적자의 경우 남자(1,130,115)가 여자(1,102,834)보다 조금 더 많지만, 외국인의 경우에는 남자(1,448,816)가 여자(318,580)보다 압도적으로 더 많다. 국적자와 외국인 비율로 보면 수도 무스까트에 가장 많은 외국인이 살고 있는 것으로 조사되었는데 주민의 62%가 외국인이고 국적자는 38%에 불과하다. 오만의 인구증가율은 2.5-3.5%인데, 외국인 수가 해마다 증가하고 있다.

4. 기후

오만의 기후는 아열대 사막기후로 건조하고 뜨겁다. 연강우량은 적고 여름 고온에 내륙지방의 온도 차가 상당히 크다. 6월에서 9월까지의 여름에는 강우량이 매우 적고 최고기온이 섭씨 40도를 쉽게 웃돈다. 겨울은 비가 종종 와서 서늘하며, 봄가을은 따뜻하고 건조하다. 최고기온이 25-35도 사이고, 밤에는 서늘하여 15-22도의 기온을 유지한다. 먼지를 동반한 뜨거운 바람인 샤말(Shamal)이 3월부터 8월까지 분다. 때때로 모래폭풍을 유발하기도 하는데, 이런 일은 일년 내내 발생하기도 한다. 비는 대부분 겨울에 오며, 갑작스레 짧지만 강력한 폭우가 천둥번개를 동반하며

들이치기도 한다.

수도 무스까트의 기후

월	1	2	3	4	5	6	7	8	9	10	11	12
강우량 mm	25	25	15	6	0	1	1	3	0	0	5	11
평균 기온 ℃	21.6	21.9	25.1	28.8	33.2	34.3	33.2	31.1	31.0	29.8	25.9	22.8
최저 기온 ℃	18.2	18.5	21.5	24.8	29	30.4	30	28.4	27.7	25.7	21.8	19.2
최고 기온 ℃	25	25.4	28.7	32.8	37.5	38.3	36.4	33.9	34.3	34	30.1	26.4

자료: Cliamte-Data.org (http://en.climate-data.org/location/2089/)

5. 행정

오만은 11개의 주로 나뉘어 있으며, 그 아래에 모두 61개의 행정지구가 있다.

1. 무스까트(Muscat)

2. 무산담(Musandam)

3. 도파르(Dhofar)

4. 알-부라이미(Al-Buraymi)

5. 앗-다킬리야(Al-Dakhiliyah)

6. 알-바티나(Al-Batinah) 남부

6. 알-바티나(Al-Batinah) 북부

7. 알-우스타(Al-Wusta)

8. 앗-샤르끼야(al-Sharqiyah) 남부

8. 앗-샤르끼야(al-Sharqiyah) 북부

9. 앗-다히라(Al-Dhahirah)

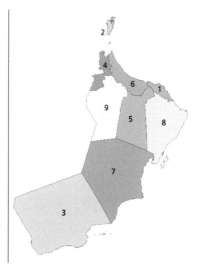

6. 행정·입법·사법

오만은 절대 세습 술탄국가로서 정당 결성을 불법으로 규정하
고 있기에 정당이 없다. 술탄은 살아 생전에 후계자를 지명하지
않고 술탄이 사망한 후 통치가문위원회에서 후임 술탄을 만장일
치로 지명한다. 만일 3일 안에 후임자를 정하지 못하면 국방위원
회가 전임 술탄이 남긴 편지를 개봉하여 술탄이 지명한 사람을

후계자로 확정한다. 현재 술탄에게는 후사가 없어 누가 후임 술탄이 될지 불분명하다. 총리직은 현 술탄 까부스가 1972년부터 수행하고 있다. 만일 술탄이 총리를 지명하면 총리의 권한을 명시하고, 장관도 술탄이 임명한다.

입법부는 양원제로 오만의회라고 하는데, 슈라의회와 국가의회로 구성된다. 입법부는 조언이 주 업무이나 법을 제안할 수 있는 다소의 권한을 지니고 있다. 통치기본법은 사법부의 독립성을 보장하나 실제로는 행정부의 영향이 지대하다. 술탄이 사법부 인사를 행하고 최고사법위원회를 관장한다. 일반법원은 1심법원, 항소법원, 대법원 3심제로 이루어져 있다. 샤리아법원은 개인의 지위와 가족법 관련 송사를 담당한다. 2001년 새로운 법원체제가 도입되기 전까지는 샤리아법원이 모든 민사와 대다수의 형사 소송을 처리하였으나 현재는 관할권이 제한되었다. 샤리아법원의 결정에 대한 항소는 항소법원이 담당한다. 이 외에 국가안보법원, 행정법원과 같은 특별법원이 있다.

7. 국가 안정성

오만은 대체적으로 안정된 국가로 평가할 수 있다. 이코노미스

트가 평가한 오만의 2014년 국가 위험성 등급은 B등급이다. 치안, 거시경제, 해외무역과 국제수지, 세금정책은 안정적이나 정부의 영향력이 약한 것으로 나타났다. 또 전 세계 통치지표에 따르면 2013년 지표상 정치 안정 측면에서 오만은 우리나라보다 안정된 국가로 평가되고 있다.

2014년 국가 위험성 등급	현재 등급	현재 점수	이전 등급	이전 점수
전체 평가	B	35	B	35
치안	A	18	A	18
정치적 안정성	C	60	C	60
정부의 영향력	D	61	D	64
법적 조절장치	C	45	C	45
거시경제	A	10	A	10
해외무역 & 국제수지	A	11	A	11
경제적 안정성	C	46	C	46
세금정책	A	12	A	12
노동력	C	50	C	50
사회기반시설	B	34	B	34

자료: Economist Intelligence Unit 2014[2]

	오만	한국
법치	66.82	78.67
정치 안정	62.56	56.87
부패 통제력	60.29	70.33
정부 효율성	60.77	82.30
정치 참여도	19.42	68.25

자료: The Worldwide Governance Indicators[3]

8. 군대

오만군은 육·해·공군 3군으로 구성되었고, 모병제로 18-30세 연령이면 지원할 수 있다. 2012년 통계에 따르면 국내총생산의 8.6%를 국방비로 지출하여 10.32%를 쓴 사우디아라비아에 이어 GDP 대비 국방비 비율은 세계 2위를 차지하였다.[4]

9. 환경

오만은 걸프협력위원회(GCC)의 소속 6개국 중 공해 배출량이

바레인 다음으로 적은 국가다. 그러나 오만 내 환경문제 중에서 가장 심각한 것은 높은 수질오염도로써 안심하고 마실 수 있는 수준으로 수질을 개선하는 것이 필요한 실정이다.

걸프협력회의 소속 6개국 공해 배출 순위

순위	국가명	비율(%)
1	사우디아라비아	57
2	아랍에미리트	17
3	쿠웨이트	11
4	카타르	6
4	오만	6
6	바레인	3
계		100

출처: 카타르 지속성평가 시스템, "환경 도전과 영향 - 지역적 시스템 필요성(Qatar Sustainability Assessment System, "Environmental Challenges and Impacts: The need for regionalized System")

10. 경제

오만은 "오만 비전2020" 정책 아래 현재 석유와 천연가스 수출

주도의 자원 중심 경제에서 다변화 경제로 변모하는 것을 목표로 매진하고 있다. 2015년까지 제8차 경제개발계획에 따라 약 300억 달러 규모의 산업 다각화 프로젝트를 추진할 예정이고, 인도양과 페르시아만을 연결하는 지정학적 장점을 활용하려고 시도하고 있다.

화폐단위는 리얄 오마니로, 1리얄 오마니는 미화 2.59달러로 고정되어 있다. 2013년 국민총생산액은 810억 9천 5백 달러이며, 1인당 국민소득은 29,800불로 세계 50위를 기록하였다. 국민총생산액의 64.4%는 제조업, 34.6%는 서비스업, 1%는 농업이 차지하였다.

2013년 OPEC 통계에 따르면 오만의 확인된 원유매장량은 55억배럴이고, 확인된 천연가스량은 9500억 입방미터에 이른다. 2013년 일일 원유생산량은 84만 4천 3백 배럴, 천연가스는 319억 2천만 입방미터였고, 일일수출량은 원유가 83만 8천 배럴, 천연가스가 114억 입방미터였다.

2013년 경상수지 흑자는 72억 4천 9백달러로 세계 27위를 기록하였다. 주요 수출품은 원유와 가스, 어류, 금속, 섬유이고, 수입품은 기계 및 차량, 제조품, 식품 등이다. 수출대상국은 2012년의 경우 중국(31.8%), 일본(12.9%), 아랍에미리트(10.4%), 대한민국

(10%) 순이고, 수입대상국은 아랍에미리트(24.1%), 일본(12.5%), 인도(8.5%), 중국(6.3%), 미국(6.1%) 순이다.

11. 우리나라와의 관계

우리나라는 1971년 7월 27일 오만을 국가로 승인하였고, 양국은 1974년 3월 28일 대사급 외교 관계를 수립하였다. 윤경도 사우디아라비아 대사가 오만 대사를 겸임하다가 1976년 10월 30일 공관을 개설하면서 정구욱 대사가 초대 상주 대사로 오만에 부임하였다. 주한 오만 대사관은 1984년 3월 13일 개설하였다.

우리나라는 전통적인 협력 분야인 에너지, 플랜트 건설 등에서 협력을 지속적으로 강화하고, 국가철도망(100억불) 및 두쿰 정유공장(60억불) 프로젝트 등 대규모 프로젝트에 우리 기업이 수주할 수 있도록 적극 지원하고 있다. 양국 간 협력 범위를 신재생에너지, 방산, 의료, 금융 등으로 확대하고, 우리의 국책사업인 동북아 오일허브에 오만이 참여하길 바라고 있다. 현재 에너지 저장시스템, 신재생에너지 협력, 오만 국부펀드를 활용한 제3국 진출 등에 대해 양국 간 실무 협의가 진행되고 있다.

무역관계

(단위: 천 달러)

년도별	수출	수입	비고
2013	1,007,008	4,783,308	수출: 승용차, 석유화학 합성원료, 전선 등
2014 (1-8월)	798,570	3,035,749	수입: 천연가스, 원유, 알루미늄괴 및 스크랩 등

자료: 한국무역협회 종합무역정보서비스

한국의 품목별 대 오만 수출(MTI 4단위 기준)

(단위: 천 달러, %)

순위	품목명	2013		2014(1-8월)	
		금액	증감률(%)	금액	증감률(%)
	총계	1,007,008	9.0	798,570	12.8
1	승용차	480,658	4.0	372,559	15.7
2	석유화학합성원료	153,955	459.6	211,266	94.9
3	전선	31,630	33.3	27,328	-5.3
4	건설중장비	32,254	2.6	22,896	1.5
5	열연강판	33,534	396.1	20,736	11.3
6	화물자동차	30,336	24.3	19,295	-8.1
7	중후판	7,416	3,277.1	11,075	-
8	중유	790	-	9,735	-
9	공기조절기	24,938	208.2	8,844	-47.5

10	칼라TV	3,712	-22.6	7,187	202.4
11	기타 석유화학 제품	5,653	-76.6	6,756	129.6
12	펌프	14,292	-7.8	6,642	-47.4
13	합성수지	8,175	1.3	6,199	0.4
14	타이어	6,684	0.4	5,633	2.7
15	축전지	4,366	9.7	4,182	62.6
16	철구조물	6,350	-22.1	3,132	-30.3
17	자동차부품	7,230	-27.5	2,317	-38.9
18	주단강	7,338	-27.3	2,298	-51.2
19	에어컨	2,513	-9.2	2,265	-4.5
20	섬유기계	618	-32.4	2,242	379.1

자료: 한국무역협회 종합무역정보서비스

한국의 품목별 대 오만 수입(MTI 4단위 기준)

(단위: 천 달러, %)

순위	품목	2013		2014(1-8월)	
		금액	증감률 (%)	금액	증감률 (%)
	총계	4,783,308	-9.8	3,035,749	-11.5
1	천연가스	4,021,681	1.3	2,279,086	-19.6
2	원유	340,132	-67.9	522,884	54.1
3	알루미늄괴 및	56,427	10.4	116,914	184.6

	스크랩				
4	기타 석유화학제품	154,897	67.6	48,159	-20.6
5	나프타	182,245	54.6	44,886	-70.1
6	환원철	3,254	-	11,618	-
7	기타 비금속광물	9,062	11.5	9,980	60.6
8	암모니아수	0	-	4,234	-
9	합금철	1,341	-	1,489	-
10	기타 금속광물	4,613	195.6	917	-62.4
11	레이더 및 항행용 무선기기	0	-	718	-
12	폐건전지	941	-	394	33.8
13	건설중장비	0	-	303	-
14	참치	856	-61.8	261	-69.4
15	기타 어류	647	-0.9	253	-36.1
16	의약품	87	160.4	142	63.4
17	합성수지	0	-	100	-
18	철강선	21	-	95	341.0
19	기타 기계류부품	1	16.1	93	9,155
20	승용차	51	-	59	58.8

자료: 한국무역협회 종합무역정보서비스

중동 건설공사 계약 현황

	2014년도	건수	금액(천달러)
	16개 국가	102	31,350,717
1	이라크	20	8,532,667
2	쿠웨이트	7	7,738,888
3	알제리	12	4,387,802
4	아랍에미리트	14	3,735,929
5	사우디아라비아	17	2,951,312
6	카타르	10	1,669,868
7	이집트	2	1,009,858
8	터키	4	704,443
9	오만	3	430,355
10	요르단	3	128,592
11	리비아	2	26,862
12	이스라엘	1	19,268
13	이란	3	9,497
14	남수단	1	3,296
15	팔레스타인	1	1,643
16	수단	2	437

자료: 해외건설협회

주석

비상을 꿈꾸는 술탄국 오만

1 인구통계 출처: "Oman's population passes landmark figure," *Times of Oman*, April 23, 2014. http://www.timesofoman.com/News/32830/Article-Oman%E2%80%99s-population-passes-landmark-figure

2 http://viewswire.eiu.com/index.asp?layout=RKCountryVW3&country_id=430000043

3 http://info.worldbank.org/governance/wgi/index.aspx#home

4 The Worldfact Book, CIA. https://www.cia.gov/library/publications/the-world-factbook/geos/mu.html

참고문헌

외교부 편, 『2013 세계각국편람』.

주 오만 한국대사관. http://omn.mofa.go.kr/korean/af/omn/main/index.jsp

한국무역협회 종합무역정보서비스 http://www.kita.net/

해외건설협회 통계현황관리(해외건설협회 제공).

Al-Azri, Khalidi. "The 20th Century Islamic Legal Reform of the Family Law with the Focus on Oman's Response to Modernity." *Journal of Middle Easter and Islamic Studies (in Asia)* 4:1 (2010): 58-73.

Barret, Roby C. *Oman: The Present in the Context of a Fractured Past.* MacDill Air Force Base, Fl.: The JSOU Press, 2010.

Cliamte-Data.org. http://en.climate-data.org/location/2089/Economist Intelligence Unit 2014. http://viewswire. eiu. com/index.asp?layout=RKCountryVW3&country_id= 430000043

G. R. Smith, C. E. Bosworth, and C. Holes. "'Umān." In *Encyclopaedia of Islam*. Second Edition. Vol. 10, pp. 814-818.

Ghubash, Hussein. *Oman: The Islamic Democratic Tradition.* Translated from French by Mary Turton. London and New York: Routledge, 2006.

Hoffman, V. J. Ibadi Islam: An Introduction. http://www.uga.edu/islam/ibadis.html

"Oman's population passes landmark figure." *Times of Oman*, April 23, 2014. http://www. timesofoman.com/News/32830/Article-Oman%E2%80%99s-population-passes-landmark-figure

OPEC. *Annual Statistical Bulletin 2014.*

http://www.opec.org/opec_web/static_files_project/media/downloads/publications/ASB2 014.pdf

Peterson, J. E. "Oman's Diverse Society: Northern Oman." *Middle East Journal* 58:1 (Winter 2004): 31-51.

— "Oman's Diverse Society: Southern Oman." *Middle East Journal* 58:2 (Spring 2004):

254-269.

Potter, Lawrence G, ed. *The Persian Gulf in Modern Times: People, Ports, and History.* New York: Palgrave Macmillan, 2014.

Qatar Sustainability Assessment System. *Environmental Challenges and Impacts: The Need for Regionalized System.* http://www.unep.org/sbci/pdfs/Oct_symposium/Sustainability Assessment%20System_AM.pdf

The Worldfact Book, CIA. "Oman." https://www.cia.gov/library/publications/the-world-factbook/geos/ mu.html

The Worldwide Governance Indicators. http://info.worldbank.org/governance/wgi/index.aspx#home

Wippel, Stephen, ed. *Recognizing Oman: Political, Economic and Social Dynamics.* Heidelberg: Springer, 2013.

Worrall, James J. *State Building and Counter Insurgency in Oman: Political, Military and Diplomatic Relations at the End of Empire.* London: I.B.Tauris & Co Ltd, 2014.

찾아보기

명지대학교 중동문제연구소 중동국가헌법번역HK총서05

오만 술탄국 기본법

등록 1994.7.1 제1-1071
1쇄 발행 2015년 5월 31일

기 획   명지대학교 중동문제연구소(www.imea.or.kr)
옮긴이   김종도 정상률 임병필 박현도
감 수   김주영
펴낸이   박길수
편집인   소경희
편 집   조영준
디자인   이주향
관 리   위현정
펴낸곳   도서출판 모시는사람들
        110-775 서울시 종로구 삼일대로 457(경운동 수운회관) 1207호
전 화   02-735-7173 02-737-7173 / 팩스 02-730-7173

인 쇄   상지사P&B(031-955-3636)
배 본   문화유통북스(031-937-6100)
홈페이지 http://modl.tistory.com/

값은 뒤표지에 있습니다.
ISBN 979-11-86502-04-4 94360
ISBN 978-89-97472-43-7 94360 [세트]

이 도서의 국립중앙도서관 출판시도서목록(CIP)은 e-CIP 홈페이지 (http://www.nl.go.kr/ecip)